하나님의
친구가 되기 전엔
미처 몰랐던 것

말씀 그리고 오늘의 삶

하나님의
친구가 되기 전엔
미처 몰랐던 것

찰스 스펄전

송용자 옮김

좋은씨앗

설레는 마음으로
주님과의 만남을 기대하며
내 안에 주님에 대한 순종을
채 워 가 는   시 간

하나님의
친구가 되는
기쁨

"평생에 진정한 친구 셋이 있으면 성공한 사람"이라는 옛 말이 있습니다. 진정한 친구란 누구일까요? 내가 힘들고 어려울 때 언제라도 돕는 친구, 내가 죽은 후에도 나의 모든 뒷일을 믿고 맡길 수 있는 친구, 내 영혼의 평안을 맡길 수 있는 친구? 과연 당신에게는 모든 것을 의논할 수 있는 친구가 있습니까? 우리에게 그런 참 친구는 누구입니까? 우리는 어떻게 하면 하나님의 친구가 될 수 있을까요?

성경을 보면 하나님께서 아브라함이나 모세와 같은 이들을 친구로 대하셨음을 알 수 있습니다. 하나님의 친구! 우주의 창조자요 주관자이신 분의 친구가 된다는 것은 얼마나 영광스러운 일인지 모릅니다. 그런데 여기서 짚고 갈 문제가 있습니다. 성경을 좀 더 들여다보면 어디에도 그들이 하나님을 친구로 여겼다는 표현은 나오지 않습니다. 아니, 그런 태도를 취했다면 그들은 결코 하나님께 친구와 같은 존재가 될 수 없었을 것입니다. 오히려 하나님이 그들을 친구로 삼아주셨다고 말합니다. 그들이 하나님을 높

Prologue

은 곳에 계신 분으로만 알고 있을 때 그분께서 직접 낮은 곳에 있는 그들에게 다가와 친구가 되어주신 것입니다.

그런데 모세나 아브라함 같은 성경의 위대한 인물도 아닌 평범한 우리가 감히 하나님의 친구로 지낼 수 있는 걸까요? 결론적으로 말하자면, 우리는 하나님의 진실한 친구로 지낼 수 있습니다. 그 과정은 곧 신앙이 삶이요 삶이 신앙인 진정한 그리스도인으로 성화되어 가는 길이기도 합니다. 그 길에 구원의 완성이 있음은 물론입니다.

찰스 스펄전 목사는 이 책에서 우리를 향한 하나님의 완전한 사랑과 헌신이 어떠한지 보여줍니다. 또한 우리가 하나님과 하나님의 방식에 온전히 순종함으로써 어떻게 그분과 동행하며 진실한 친구 사이가 될 수 있는지 보여줍니다. 뜨거운 청교도의 심장을 지녔던 설교의 대가 찰스 스펄전의 메시지가 200여 년을 뛰어넘어 오늘 당신의 가슴을 힘차게 두드릴 것입니다.

단언컨대 이 책을 통해 당신은

- 당신의 삶을 근본적으로 바꿔놓는 하나의 원칙, 곧 순종의 참 의미를 알게 될 것입니다.
- 하나님과의 친밀함을 경험하며 설레는 마음으로 주일을 기다리게 될 것입니다.
- 영원한 생명을 선물로 받게 될 것입니다.
- 습관처럼 몸에 들러붙은 죄들을 떨쳐버리게 될 것입니다.
- 죽음의 두려움에서 벗어나게 될 것입니다.
- 사랑하는 이가 그리스도께 돌아오는 것을 보게 될 것입니다.
- 기도응답을 받게 될 것입니다.

하루에 한 장씩 읽은 후 각 장 끝에 나오는 '순종 다이어리' 질문에 답하고 깊이 묵상하는 가운데 주님 앞에 한 걸음씩 더 나아가며 그분의 친구가 되는 기쁨을 누리시길 기도드립니다.

프롤로그 6

 1st Week 순종과 우정

01 우정은 한 방향으로만 흐르지 않는다 13
02 누가 예수님의 친구인가? 26
03 순종은 진정한 우정의 증거다 38
04 당신의 심장이 진해주는 이야기들 49
05 분별력 있고 적절한 검증방법 64
06 나를 사랑하면 나의 계명을 지키리라 77

 2nd Week 순종과 믿음

07 믿음이 먼저인가, 순종이 먼저인가 85
08 순종을 미루는 이들이 빠지기 쉬운 함정 99
09 순종하는 삶은 주님이 책임져주신다 111

10 말씀에 의지하여 - 모든 선한 신자들의 표어   122
11 일상과 영적 문제에서 말씀에 의지하기   131
12 우리의 위대한 사명에서 말씀에 의지하기   143

3rd Week 순종과 구원

13 주님 앞에 나아가 탄원할 수 있는 근거   161
14 명하신 그대로 순종하고 있는가?   172
15 관계과 조건에 대해 불평하지 않기   179
16 그리스도의 말씀을 지키는 사람들의 특징   189
17 영원히 죽음을 보지 않는다는 것의 의미   202
18 다시 살리시는 위대한 분 바라보기   217

1st Week

순종과 우정

[01~03] 1552번째 설교 : 1880년 8월 8일 주일 아침
뉴잉턴, 메트로폴리탄 테버나클에서

[04~06] 1932번째 설교 : 1886년 9월 30일 목요일 저녁
뉴잉턴, 메트로폴리탄 테버나클에서

	S	M	T	W	T	F	S
		첫째 주: 운동과 규칙이	02	03	04	05	06
		설레는 마음으로 뜻이하는 첫 번째 주일 ♥					

01
우정은 한 방향으로만 흐르지 않는다

너희는 내가 명하는 대로 행하면 곧 나의 친구라(요 15:14).

주 예수 그리스도는 그 누구와도 비교할 수 없이 가장 좋은 우리의 친구입니다. 필요할 때 곁에 있는 친구가 진정한 친구이기 때문입니다. 소크라테스는 이렇게 말했습니다. "친구, 이 세상에 친구란 없네!" 그러나 소크라테스는 주 예수님을 몰랐습니다. 예수님을 알았다면 이런 말을 덧붙였을 것입니다. "구주를 제외하고…" 주 예수님의 마음속에는 우리를 향한 깊은 우정이 불타오르고 있습니다. 다른 모든 형태의 우정은 단지 태양 앞의 희미한 촛불에 불과합니다.

> 사람이 친구를 위하여 자기 목숨을 버리면 이보다 더 큰 사랑이 없나니(요 15:13).

일반적으로 사람이 친구를 위해 죽는다면 자신이 할 수 있는 가장 높은 단계의 우정까지 올라간 것입니다. 그러나 어쨌든 그도 역시 결국에는 죽어야 할 운명을 가진 사람입니다. 그래서 친구를 위해 죽었다고 해도 나중에 결국 치러야 할 빚을 미리 지불한 것입니다. 그러나 그리스도의 경우는 죽을 필요가 없는 분이 죽으신 것입니다. 오히려 영광 속에서 사셨어야 할 분이 고난 속에서 죽으셨습니다. 그 점에서 그리스도의 사랑과 우정은 인간의 사랑이나 우정과 다릅니다. 어떤 인간도 그와 같은 우정을 보여준 이가 없습니다.

우리에 대한 주님의 우정은 우리가 그분에게 올려 드려야 할 우정의 본이 됩니다. 그러나 우리가 모든 면에서 그렇게 할 수 있는 것은 아닙니다. 우리의 상황과 조건이 그분과는 다르기 때문입니다. 그리스도의 우정은 항상 낮은 자를 향한 더 크고 높으신 이의 사랑입니다. 곤핍한 자를 향한 시혜자의 사랑입니다. 값을 치르고 사야 하는 자들을 향한 구속자의 사랑입니다. 그러나 그런 점들을 언급하지 않더라도 우리 주님이 보여주시는 우정의 특징은 그분과 더 친밀해질수록 우리에게 더 유익하고 좋다는 것입니다. 그리스도의 우정은 우리 인간들 사이에서는 가장 진심 어린 우정, 자신을 희생하는 우정에서 엿볼 수 있습니다.

본문에서 주님은 주님이 우리의 친구라는 사실을 말씀하시는 게 아니라 우리가 주님의 친구라는 사실을 말씀하십니다. 그리스도는 '죄인들의 친구'이십니다. 그러나 죄인들은 마음이 변화되기 전까지는 아직 그분의 친구가 아닙니다. "너희는 내가 명하는 대로 행하면 곧 나의 친구라." 그 전까지 우리는 그분의 친구가 아닙니다. 우리에 대한 그리스도의 사랑은 전적으로 그분에게서 나옵니다.

그러나 우정은 우리 쪽에서도 무언가를 요구합니다. 우정은 전적으로 한 방향으로만 흐르지 않기 때문입니다. 일방적인 우정은 자비나 은혜, 은택이라고 부르는 편이 더 합당합니다. 온전한 의미에서 우정은 상호적입니다. 우정은 오직 반응이 있는 곳에서만 존재합니다. 우리는 그리스도가 우리를 사랑하시는지, 긍휼히 여기시는지 의심하지 않습니다. 성경에서 다음의 말씀을 읽을 수 있기 때문입니다.

우리가 아직 죄인 되었을 때에 그리스도께서 우리를 위하여 죽으심으로 하나님께서 우리에 대한 자기의 사랑을 확증하셨느니라(롬 5:8).

우리가 원수였을 때 그리스도는 우리의 친구가 되어주셨습니다. 그러나 그것은 우리가 지금 다루는 주제가 아닙니다. 지금 다루는 주제는 바로 '우리가 어떻게 그리스도에게 친구가 되어드리는가'에 있습니다. 우리가 그리스도의 친구가 되기 위해서는 특정한 조건이 충족되어야 합니다.

우정에는 서로를 향한 깊은 친밀함이 있어야 합니다. 우정은 앞에서 말씀드린 것처럼 일방적인 것이 아니기 때문입니다. 사랑을 받는 자가 호의적인 감정을 되돌려주어야 합니다. 예수님은 우리에게 말씀하십니다. 우리가 그분의 친구라면 그분이 명하시는 모든 것을 해야 한다고 말입니다. 그리고 그 모든 것을 그분에 대한 사랑으로 해야 한다고 말입니다.

그리스도의 친구로 불리는 것이야말로 세상에서 가장 영예로운 일입니다. 아브라함의 호칭 중에 '하나님의 친구'보다 더 그의 위엄을 잘 드러내는 호칭도 없을 것입니다. 오, 그리스도가 저를 '친구'로 부르시다니요! 얼마나 낮아지고 겸손하시면 그럴 수 있는 걸까요? 제가 참되게 믿는 자라면 그리스도는 저의 친구입니다. 그런 특권이 없다면 제게는 이 세상에서도 다음 세상에서도 아무런 소망이 없습니다.

그러나 그것뿐만이 아닙니다. 그리스도는 넘치는 은혜 속에서 저를 그분의 친구로 여기길 기뻐하셨습니다. 그리고 그분과 친숙하게 이야기를 나눌 수 있는 자들이 적힌 영광스런 책에 제 이름을 기록하셨습니다. 서로 아무 비밀도 없는 친구로서 말입니다. 그들은 자신의 마음을 그리스도에게 온전히 쏟아놓습니다. 그리스도 역시 그들에게 아무것도 숨기지 않으십니다. 오히려 이렇게 말씀하십니다. "그렇지 않으면 너희에게 일렀으리라"(요 14:2). 이 말씀은 그리스도의 계명에 순종하는 데 있어 얼마나 큰 힘이 되고 위로가 되는지 모릅니다. 이 가르침에 힘입어 우리는 더욱 기꺼이 순종하고 그로 인해 삶의 기쁨과 영광을 맛보게 됩니다.

순종은 얼마나 소중한 것인지요! 순종이야말로 어떤 은사와 영향력보다 더 우리와 그리스도의 우정을 확실하게 증명해줍니다. 그리스도는 결코 이렇게 말씀하지 않으십니다. "너희가 사람들에게 존경 받는 위치에 오른다면, 교회에서 명예로운 자리에 오른다면 나의 친구다." 우리가 아무리 가난하고 초라해도 주님은 우리를 친구라고 부르십니다. 그리스도가 이 말씀을 주신 자들은 매우 가난한 사람들이었습니다. 그리스도는 그들에게 이렇게 말씀하십니다. "너희는 내가 명하는 대로 행하면 곧 나의 친구라."

순종이 부유함보다 낫고 높은 지위보다 낫습니다. 예수님은 '얼마나 많은 것을 소유하고 있는가', '어떤 옷을 입고 있는가'가 아니라 '무엇을 하는가'로 친구를 평가하십니다. 열한 사도 모두에 대해 우리는 그들이 애초에 평생의 사역을 감당할 만한 탁월한 능력과 자질을 갖춘 자들이었다고 생각할지 모릅니다. 그러나 주님은 "너희는 내 친구다. 내가 너희에게 사도 직분에 맞는 능력을 베풀어주었기 때문이다"라고 말씀하지 않으셨습니다. 그분의 거룩한 무리를 이끌 영적 지도자들에게 예수님은 분명히 말씀하십니다. "너희는 내가 명하는 대로 행하면 곧 나의 친구라."

 그것이 당신의 우정이 시험 받고 점검 받는 시금석입니다. 오늘날 그리스도와의 친밀한 우정을 열망하는 우리 모두에게도 그리스도는 똑같이 말씀하십니다. 순종을 올려 드리기를 갈망하십시오. 사랑하는 분의 쉬운 멍에를 매는 것에 우리의 기쁨과 즐거움이 있습니다.

 먼저, 주님이 친히 친구라고 부르는 자들에게 어떤 순종을 요구하시는지 살펴봅시다. 참된 친구는 자신이 사랑하는 대상을 기쁘게 하기 위해 무엇을 할 수 있는지 알고 싶어 합니다. 그러니 사랑하는 주님이 택하신 자들에게 하시는 말씀에 귀 기울이십시오. 우리 가운데 어느 누구도 주님의 계명에 순종하는 것에서 예외가 될 수 없습니다. 상황이 좋든지 나쁘든지 순종해야 합니다. 한 달란트만 갖고 있다고 해도 순종해야 합니다. 열 달란트가 있어도 여전히 순종해야 합니다.

 그리스도와의 우정에서 비롯되는 순종은 적극적인 순종입니다. 어떤 이들은 주님이 금하시는 것을 안 하기만 하면 충분하다고 생각합니다. 물론 악을 절제하고 피하는 것이 의에서 커다란 부분을 차지합니다. 그러나 그것만으로는 충분하지 않습니다. "나는 술주정뱅이가 아닙니다. 거짓말쟁이도 아니고요. 주일을 어긴 적도 없습니다"라고 말할 수 있다면 그것도 좋은 일이지요. 그러나 그런 의가 서기관들이나 바리새인들의 의보다 낫다고 할 수 있을까요? 그런 의로는 하나님 나라에 들어갈 수 없습니다. 의도적으로 죄를 범하지 않는 것, 그것도 좋은 일이지요. 그러나 그리스도의 친구가 되고자 한다면 그보다 더 나은 무언가가 있어야 합니다. "내가 당신의 친구라는 것을 증명하기 위해 나는 당신을 모욕하지 않습니다. 당신의 것을 도둑질하지도 않고 당신에 대해 나쁜 말도 하지 않습니다" 하는 정도로만 말할 수 있다면 빈약하고 초라한 우정이 아닐 수 없습니다. 당신의 우정을 입증하는 더 적극적이고 명백한 증거가 있어야 합니다.

주 예수 그리스도는 적극적인 의무들을 크게 강조하십니다. "너희는 내가 명하는 대로 행하면"이라고 말씀하지 않으셨습니까? 마지막 날에 그리스도는 이렇게 말씀하실 것입니다. "내가 주릴 때에 너희가 먹을 것을 주었고 목마를 때에 마시게 하였[다]"(마 25:35). 마태복음 25장에서 그리스도는 부정적이고 소극적인 덕목에 대해서는 한 말씀도 하지 않으셨습니다. 대신 적극적인 행동들을 인용하고 자세히 설명하십니다.

"내 방앗간의 곡식을 빻아주는 자가 친구다"라는 속담이 있습니다. 이 말은 도움을 주는 행위 속에서 우정이 드러나고 우정의 진실성이 입증된다는 뜻입니다. 좋은 말은 단지 바람과 같습니다. 친절이라는 실제적인 행동이 뒷받침되지 않는다면 아무 소용이 없습니다. 우정에는 실제적인 행동이 따라야 합니다. 성경은 다음과 같이 말합니다.

> 너희는 여러 교회 앞에서 너희의 사랑과 너희에 대한 우리 자랑의 증거를 그들에게 보이라(고후 8:24).

> 너희는 내가 명하는 대로 행하면 곧 나의 친구라(요 15:14).

본문의 말씀을 통해 그리스도가 우리에게 기대하시는 순종이 지속적인 순종임을 분명히 알 수 있습니다. 그리스도는 결코 "너희가 내가 명하는 것을 가끔씩 행하면, 너희가 주일마다 내가 명하는 것을 행하면, 예를 들어 너희가 예배의 자리에서 내가 명하는 것을 행하면 그것으로 충분하다"고 말씀하지 않으셨습니다.

우리는 그리스도 안에 계속 거하며 그분의 말씀을 끝까지 지켜야 합니다. 지금 저는 행위가 구원의 길이라고 얘기하는 게 아닙니다. 행위가 주님과 나누는 친밀한 교제의 증거임을 얘기하고 있습니다. 그 두 가지는 전혀 다릅니다. 우리는 모든 곳에서 항상 주님을 경외하며 기꺼이 주님이 우리에게 명하시는 대로 행하기를 구해야 합니다.

순종은 또한 모든 것에 적용되어야 합니다. "너희는 내가 명하는 대로 행하면 곧 나의 친구라." 그리스도가 무엇을 명령하시든 참된 친구라면 즉시 "제가 하겠습니다"라고 말하고 즉시 행합니다. 어떤 계명은 지키고 어떤 계명은 무시할지 고르지 않습니다. 그것은 결국 자기 의고 불순종이기 때문입니다.

  어떤 그리스도인들을 보면 어느 한 가지 의무를 이행하는 것이 전체 율법을 성취하는 것인 양 말합니다. 그 일에 대해서만 매우 엄격하고 자기가 세운 기준에 이르지 못하는 다른 사람들을 비난합니다. 큰일은 소홀히 하면서 작은 일에만 매달리는 이런 모습은 우리가 주변에서 흔히 볼 수 있는 오류입니다. 그런 사람들은 물 잔에 들어 있는 하루살이는 걸러내려고 아주 촘촘한 그물을 들이대지만, 정작 약대 한 마리 같은 것은 입을 크게 벌리고 아무런 거부감이나 양심의 가책 없이 꿀꺽 삼켜버립니다. 제대로 된 선별 기준이 없기 때문입니다.

  올바른 검증 기준은 바로 여기에 있습니다. "너희는 내가 명하는 대로 행하면." 저는 지금 작은 일들이 중요하지 않다고 말하는 게 아닙니다. 주님이 중요하게 여기라고 명하신 작은 일이 있다면 부지런히 그 일에 힘을 쏟으십시오. 주님이 명하신 일이라면 사소한 것 하나라도 소홀히 여기지 마십시오. 우리 눈에는 사소하게 보여도 그리스도의 명령이라면 가장 중요한 것일 때가 얼마나 많습니까?

분명 어떤 일들은 크고 중요합니다. 그것이 중요한 일이라는 것을 누구나 압니다. 그런 일은 위선적인 그리스도인일지라도 주의를 기울일 것입니다. 그러나 검증은 사소하고 작은 일들에서 이루어집니다. 위선자들은 사소한 것들에는 관심조차 기울이지 않습니다. 그 일을 했다고 해서 그들을 칭찬해줄 사람은 없을 테니까요. 여기에 우리가 주님을 사랑한다는 증거가 있습니다. 당신은 예수님을 위해 더 크고 중요한 일뿐만 아니라 더 작은 일도 기꺼이 행하고 있습니까?

너무나 많은 사람이 이렇게 말합니다. "행함에 무슨 의미가 있는지 모르겠어요. 나는 행함 없이도 구원 받을 수 있어요." 그런데 그런 말은 대부분 악에서 비롯됩니다. 그런 마음은 그리스도의 우정과 조화를 이룰 수 없습니다. 사랑은 사소하고 작은 일에서도 기뻐합니다. 그것이 그리스도의 뜻입니까? 그것이 명백히 그리스도의 계명입니까? 그렇다면 이유를 따지거나 질문하는 것은 우리가 할 일이 아닙니다.

한 가정부가 아침식사를 차리고 나서는 자기 할 일을 다했다고 생각했습니다. 그런데 가정부는 소금을 식탁에 올려놓으라는 안주인의 분부를 따르지 않았습니다. 안주인은 왜 자기가 시키는 대로 하지 않았느냐고 가정부에게 물었습니다. 가정부는 "소금을 식탁에 올려놓을 필요가 있을까요? 아침식사를 차리기 바빠서 소금병에 신경 쓸 새가 없었어요." 그러자 안주인은 대답합니다.

"내가 분명히 식탁에 소금을 갖다 놓으라고 했잖아요. 그러니 내일은 꼭 신경 쓰세요." 그러나 다음날 아침에도 소금은 식탁에 오르지 않았습니다. 가정부는 여전히 왜 소금병을 식탁에 갖다 놓아야 하는지 모르겠다고 말합니다. 안주인은 화가 났고 가정부에게 당장 시키는 대로 하라고 명합니다. 그런데도 가정부가 말을 듣지 않는다면 어떻게 될까요? 확신컨대 그 가정부는 곧 다른 일자리를 찾아봐야 할 것입니다.

간청합니다. 부디 모든 일에 순종하십시오. "주님이 말씀하시는 것이라면 무엇이든지 행하십시오." 오직 주님의 모든 뜻을 행하기 위해 수고할 때 우리는 주님과 복된 교제를 나누며 살아갈 수 있습니다. 그리고 그분의 진정한 친구가 될 수 있습니다.

잘 보십시오. 이 순종은 그리스도에게 드리는 것입니다. '내가' 라는 단어에 주목하십시오. "너희는 내가 명하는 대로 행하면 곧 나의 친구라." 우리는 그 일을 행해야 합니다. 왕이신 주님께서 그 일을 명하시기 때문입니다. 주 예수 그리스도, 하나님의 아들, 구속자에게 순종을 거부하는 것은 곧 반역죄입니다. 왕을 배반한 반역자들이 어떻게 왕의 친구가 될 수 있겠습니까? 성경에 기록된 말씀은 인간의 명령이 아닙니다. 천사들의 법령도 아닙니다. 바로 하나님의 법입니다. 어떻게 우리가 감히 하나님의 법을 무시할 수 있단 말입니까? 우리는 주님이 기뻐하시는 일을 하길 갈망해야 합니다. 그런 갈망이 없다면 우정도 있을 수 없습니다. 오,

기쁨으로 주님을 섬기는 은혜를 부어주옵소서!

주님은 우리가 우정 어린 마음으로 주님께 순종하기를 원하십니다. 형벌이 두려워서 억지로 순종한다면 그것은 우정의 증거로서 아무런 가치도 없습니다. 예수님께서 친구들에게서 받기 원하시는 것은 사랑의 열매입니다. 예수님의 존재 자체가 우리의 기쁨이기 때문에 그분의 뜻이 곧 우리의 법이 되어야 합니다.

그리스도의 사랑이 우리를 강권하시는도다(고후 5:14).

진실한 마음은 예수님께서 매를 가하거나 강요하거나 촉구하지 않아도 그분이 명령하시는 것을 행하는 마음입니다. 미덕을 강요하면 그 과정에서 미덕이 망가지고 맙니다. 많은 질그릇이 굽는 과정에서 금이 가듯이 말입니다. 우리의 순종이라는 포도주는 영혼의 사랑이라는 완숙한 열매에서 자연스럽게 흘러나와야 합니다. 그렇지 않으면 왕을 위한 잔으로 합당치 않을 것입니다. 의무가 기쁨이 되고 계명이 달콤한 약속이 될 때 우리는 그리스도의 참된 친구라고 할 수 있습니다.

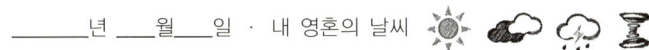

_____년 ___월___일 · 내 영혼의 날씨

1. 당신에게는 참된 친구라고 부를 수 있는 사람이 있습니까? 그렇게 생각하는 이유는 무엇입니까?

2. 주님을 친구라고 생각해본 적이 있습니까? 있다면 혹은 없다면 그 이유는 무엇입니까?

오늘 나의 감사와 간구

02
누가 예수님의
친구인가?

앞서 그리스도가 우리에게 어떤 순종을 요구하시는지 살펴보았습니다.

너희는 내가 명하는 대로 행하면 곧 나의 친구라(요 15:14).

주님은 이 말씀을 통해 순종하지 않는 자들은 그분의 친구가 아니라고 밝히십니다. 예수님은 여전히 그들을 바라보실 수 있습니다. 그들의 마음을 변화시키고 그들의 죄를 용서하고 그들의 친구가 되어주실 수 있습니다. 그러나 그들은 아직 주님의 친구가 아닙니다. 친구답지 않은 행동을 하고 있기 때문입니다.

사람들에게 존경받는 친구가 제게 있다면 저 역시 그 친구에게 합당한 존경을 표하기 위해 세심하게 주의를 기울일 것입니다. 그 친구가 저보다 윗사람이라면 제 행동이 주제넘지 않도록, 그의 호의가 부당하게 이용되고 있다는 생각이 들지 않도록 신경 쓸 것입니다. 마찬가지로 진정으로 그리스도의 친구라면 기쁜 마음으로 그분을 위대한 왕으로 높여 드리는 것이 마땅합니다. 주님은 교회에 대해 모든 것을 다스리는 교회의 머리이십니다. 따라서 교회의 모든 지체는 기쁨 넘치는 순복을 주님께 올려 드려야 합니다. 불순종은 그리스도가 비유적인 몸의 모든 지체에 대해 갖고 계신 거룩한 머리 되심의 위엄을 부인하는 것입니다. 그것은 참된 친구의 모습이 아닙니다. 주님의 다스림을 받아들이지 않으면서 어떻게 그분과 친구가 될 수 있겠습니까! 주님의 왕관에 경의를 표하지 않으면서 그분의 십자가를 신뢰한다고 자랑하는 것은 헛된 고백일 뿐입니다.

그리스도의 명령을 행하지 않는 자는 그리스도의 친구가 될 수 없습니다. 그가 그리스도와 한마음을 품은 자가 아니기 때문입니다. 두 사람이 서로 일치하지 않은데 어떻게 함께 걸어갈 수 있겠습니까? 첫 번째 원칙에서부터 서로 다른 자들 사이에 진정한 우정이란 존재할 수 없습니다. 그리스도는 영적인 것들에 마음이 있고, 그는 세속적인 것들에 마음이 있습니다. 그리스도는 사랑을 위하고, 그는 자신을 위합니다. 그리스도는 하나님 아버지를 영광스럽게 하는 것을 추구하고, 그는 자신을 명예롭게 하는 것을 추구합니다. 계획과 목적, 마음에서 서로 반대 방향을 향하고 있는데 어떻게 그들 사이에 우정이 있을 수 있겠습니까?

그리스도에게 순종하지 않는 자는 그리스도의 친구가 될 수 없습니다. 아무리 그리스도에 대한 우정을 고백하고 친구라고 주장한다고 해도 말입니다. 아주 요란하게 자신의 신앙을 고백할 수 있습니다. 그러나 바로 그런 이유 때문에 그는 더욱더 십자가의 적이 될 수 있습니다. 그가 자신의 욕심을 따라 사는 것을 보면서 사람들이 이렇게 말할 것이기 때문입니다. "이 사람은 나사렛 예수와 함께 있었도다"(마 26:71). 그러고는 그의 모든 잘못을 그의 신앙 탓으로 돌립니다. 그리고 곧바로 그리스도의 이름을 모독하기 시작합니다. 신앙 고백을 한 자들의 일관되지 않은 행동이 다른 무엇보다 더 그리스도의 뜻을 방해합니다.

당신과 저에게 아주 친한 친구가 있다고 합시다. 그런데 그 친구가 대낮에 술에 취해 길거리에서 자고 있는 채로 발견되었다고 합시다. 혹은 강도짓이나 도둑질을 저지르다가 붙잡혔다고 합시다. 그 친구의 행실 때문에 우리가 부끄러움을 느끼지 않겠습니까? 그 친구를 판사 앞에 데려왔을 때 사람들이 다음과 같이 말한다면 어떻겠습니까? "이 사람은 _____와 가장 친한 친구야."

오, 당신은 얼굴을 가리며 이웃들에게 부디 그 말을 하지 말아달라고 간청할 것입니다. 그런 형편없는 사람이 당신의 친구라는 것이 알려지면 당신의 이름과 인품이 손상되기 때문입니다. 부디 이 눈물의 호소를 들으십시오. 그리스도의 영을 소유하고 있지도 않으면서 그리스도인이라는 이름만 가진 많은 사람이 얼마나 예수 그리스도의 이름과 존귀함을 더럽히고 있는지요! 그런 사람들은 그리스도의 진정한 친구가 될 수 없습니다. 아! 예수님이 친구들의 집에서 얼마나 많은 상처를 받으셨는지요!

시저는 친구들의 단검에 죽임을 당했습니다. 믿었던 자들에게 배신을 당한 것입니다. 지난날 목숨을 구해주었던 자들이 그의 생명을 앗아갔습니다. 기독교라는 외형 아래에서 주님을 새롭게 십자가에 못박고 모든 사람 앞에서 그분에게 수치를 주는 자들에게 화가 있을진저! 유다의 입맞춤처럼 그리스도의 뺨에 깊은 상처를 낸 것이 또 있을까요? 그런데 그렇게 그리스도를 배신하고 그분에게 상처를 주는 자들이 얼마나 많은지 모릅니다!

예수님은 순종하지 않는 자들을 친구로 인정하실 수 없습니다. 그들을 친구로 인정하는 것이 그리스도의 영광을 가리는 것이 되기 때문입니다. 한때 돈을 주고 귀족 자리나 명예로운 직함을 살 수 있던 시절이 있었습니다. 그러나 그렇게 돈을 주고 산 직함은 그 직함을 준 자들이나 받은 자 모두에게 전혀 명예롭지 않았습니다. 거짓 사역자가 무엇을 제시하든 주님은 그분의 위엄과 존귀함을 결코 팔지 않으십니다. '예수님의 친구'라는 호칭은 어떤 특별한 성품과 함께합니다. 그 호칭은 특별한 성품이 없다면 결코 얻을 수 없습니다. 그 성품은 바로 그리스도에게 순종하는 것입니다. 그런 자들만이 예수님의 친구입니다. 그리스도는 사랑으로 그분을 따르는 모든 믿는 이에게 이 고귀한 특권을 주십니다. 그 외 어떤 자도 그리스도의 친구 명단에 오를 수 없습니다.

어떤 사람이 그리스도의 친구라고 알려져 있는데 그와 친한 사람들이 해이한 도덕성과 불의한 원칙으로 가득한 사람들이라면 다른 사람들이 예수님에 대해 어떻게 생각하겠습니까? 사람들의 유익을 위해 그들 속에 들어가 함께 거하는 것과 그들을 친구로 삼는 것은 다른 문제입니다. 어떤 유사점이나 동의도, 어떤 합의점도 없는 곳에서 우정이라는 고결하고 아름다운 꽃이 뿌리를 내릴 수 없습니다. 그래서 우리는 본문의 말씀을 다음과 같이 부정적으로 읽을 수 있습니다. "너희는 내가 명하는 대로 행하지 않으면 곧 나의 친구가 아니라."

한편, 최선을 다해 그리스도에게 순종하는 자들을 보면 그분과 가장 좋은 관계에 있음을 알 수 있습니다. "나의 친구라." 그리스도가 이렇게 말씀하고 계시는 것 같습니다. "나에게 가까이 와서 나와 실제적이고 친밀한 우정을 나누고 매일의 교제를 누리면서 지내라."

그리스도의 계명을 지키지 않으면 그분과의 거룩한 대화와 교제 속에서 살아갈 수 없음을 혹시 체험해보셨습니까? 자기 잘못을 알면서도 회개하지 않는다면 우리 영혼과 그리스도 사이의 연합을 느낄 수 없습니다. 우리가 자주 그렇게 하듯이 자신의 잘못을 깨닫고 사랑하는 분을 슬프게 한 것에 대해 통회하는 마음으로 그분 앞에 나아가 슬픔을 아뢰고 죄를 고백한다면 우리는 여전히 그분의 친구입니다. 그때 그리스도는 우리의 눈물을 입맞춤으로 씻어주며 이렇게 말씀하십니다. "네 연약함을 알고 있다. 내가 기꺼이 네 죄악들을 씻어 도말할 것이다. 우리 사이에 우정이 끊어지는 일은 결코 없다. 나는 여전히 너에게 나를 확증시키고 나타내 보여줄 것이다."

자기 잘못을 알면서도 여전히 마음을 완악하게 하고 굳게 할 때 우리는 기도할 수 없습니다. 사랑하는 주님과 이야기를 나눌 수 없습니다. 그분과 친구로서 동행할 수 없습니다. 우리가 죄와 친밀해질 때 예수님과의 친밀함은 그것으로 끝나버립니다. 자신의 특정한 행동이 잘못되었다는 것을 알면서도 그만두지 못한다면 우리와 구주 사이에 어떤 복된 우정도 있을 수 없습니다.

사랑하는 이여, 양심이 당신에게 이런저런 것을 포기해야 한다고 말하는데도 여전히 그것들을 붙들고 있다면, 당신은 하나님 앞에 다시 무릎 꿇을 때 영적으로 크게 방해받고 있음을 느끼게 될 것입니다. 전에 성경을 읽으며 누렸던 것처럼 그리스도와 다시 친밀한 교제를 나누길 원해도 그리스도가 뒤로 물러나 계심을 발견하게 될 것입니다. 당신은 그리스도를 찾을 수 없을 것입니다. 당연한 일이 아니겠습니까? 죄가 문 앞에 엎드려 있는데 어떻게 하나님께서 우리에게 미소 지으실 수 있겠습니까?

어떤 그리스도인들은 한사코 그리스도와의 온전한 교제 속으로 들어오려고 하지 않습니다. 그리스도의 말씀 보기를 소홀히 여기고 그분의 뜻이 무엇인지 구하는 것을 가볍게 여깁니다. 모든 것에 대해 주님의 뜻이 무엇인지 알려고 하는 것은 모든 그리스도인이 추구해야 할 가장 중요한 일이 되어야 합니다. 특별히 자신의 일을 찾고 시작하려는 그리스도인들에게는 더욱 그렇습니다. 이 세상에 있는 그리스도인의 절반 정도가 "우리 교회의 규칙은 무엇입니까?"라고 묻는 것에 만족합니다. 그 정도면 신앙생활을 하는 데 충분하다고 여기며 안주하려고 합니다. 그러나 중요한 것은 따로 있습니다. "그리스도의 규칙은 무엇입니까?"

어떤 이들은 "내 아버지와 어머니도 그렇게 하셨어요. 저는 다만 그것을 따를 뿐이에요"라고 항변합니다. 저도 그런 마음에 어느 정도 공감합니다. 효심은 부모를 존경하고 따르라고 명령하지요. 그러나 영적인 것들에서는 그 누구도 '아버지'라고 불러서는 안 됩니다. 오직 주 예수님만 우리의 주인이요 본으로 삼아야 합니다. 하나님은 당신의 양심을 당신의 어머니더러 지키게 하지 않으셨습니다. 당신의 아버지에게 당신을 책임질 권한이나 능력을 맡기지도 않으셨습니다. 모든 사람은 저마다의 짐을 져야 하고 저마다의 삶을 책임져야 합니다. 자신이 직접 성경을 찾고 연구해야 합니다. 각자가 직접 해야 합니다. 그리고 성경에서 말하지 않는 어떤 규칙도 따라서는 안 됩니다. 당신이 직접 빛을 태양에서 끌어내야 합니다. 거룩한 성경을 믿음과 실천의 규칙으로 삼으십시오. 확신이 안 가는 부분이 있다면 그리스도에 대한 충성심을 통해 그분의 뜻이 무엇인지 발견하려고 노력하십시오. 그리스도의 친구라면 반드시 그렇게 해야 합니다.

일단 그 부분을 확신하게 되었다면 그 법을 반대하는 사람들의 권위에 결코 개의치 마십시오. 그 부분에 대해 어떤 의문도 제기하지 말고 주저하지도 말며 지체하지도 마십시오. 그리스도가 명령하신 것이라면 지옥문을 통과하는 일이 있더라도 그분의 뜻을 끝까지 행하십시오. 그리스도를 모든 것에서 기쁘시게 하기 위해 이 일을 결단하고 확신하며 추구하지 않는다면 당신은 그리스도의 친구가 아닙니다. 적어도 그리스도의 우정을 누릴 만큼의 친구가 아닙니다.

당신과 그리스도 사이의 친밀감은 죄로 방해받을 것입니다. 당신은 머리를 그리스도의 품에 기댄 채 이렇게 말할 수 없습니다. "주님, 주님의 뜻이 무엇인지 압니다. 하지만 하고 싶지 않습니다." 당신이 반역의 영에 빠져 있다면 그리스도는 당신을 사랑하기 때문에 또한 징계하실 것입니다. 그것은 끔찍한 악입니다. 거룩한 눈앞에서 결코 용납받지 못할 일입니다. 그리스도는 질투하시는 연인이어서 그분과 경쟁 관계에 있는 죄를 결코 묵과하지 않으십니다.

너희는 내가 명하는 대로 행하면 곧 나의 친구라.

이 말씀을 주의해서 보십시오! 삶의 모든 십자가, 모든 실패, 모든 시련 속에서 주님의 뜻을 행한다는 목표와 확신만큼 바람직하고 갈망할 만한 위로도 없습니다. 어떤 사람이 변함없이 거룩의 길을 추구하는 과정에서 그리스도를 위해 고난 받는다면 그는 고난 속에서도 기뻐할 수 있습니다. 의롭고 참된 것을 지키다가 얻은 실패와 상실은 오히려 승리하고 얻는 것입니다. 예수님은 친구들이 그분을 위해 담대히 수치를 감당할 때 그들 곁에 가장 가까이 계십니다. 자신의 어리석음 때문에 어려움에 빠질 때 우리는 마음 깊이 아픔과 비통함을 느낍니다. 그러나 주님을 위해 싸우다가 상처를 입는다면 그것은 영광스런 상처입니다. 우리는 그리스도를 위해 비난도 기꺼이 받아들일 수 있습니다. 오히려 그 비난을 영광의 화관으로 만들어 쓸 수 있습니다. 예수님은 진리를 위해, 그리스도의 십자가에 대한 충성심으로 인해 친족들과 가까운 사람들에게 배척당하는 이들의 친구가 되어주십니다. 사람들이 신실한 자를 광신자로 혹은 온갖 비난의 이름으로 부를 수도 있습니다. 그러나 그런 것에 분노할 필요가 없습니다. 그리스도가 친히 친구라고 불러주시는 영광이 세상의 모든 비난을 무한히 제압하고 이기기 때문입니다. 그리스도가 어디를 가시든 그 어린양을 따를 때 그분이 모든 결과를 책임져주십니다. 결코 우리가 책임지지 않습니다.

> 나의 길이 아무리 어둡다 해도
> 주님이 나의 인도자 되시니
> 순종하는 것은 나의 일,
> 공급하시는 것은 그분의 일이라네.

우리가 의로운 일을 행할 때 따라오는 결과는 모두 하나님에게 속한 것입니다. 크고 선한 일을 위해서라면 잘못된 사소한 일쯤은 할 수 있다는 생각을 버리십시오. 저는 사람들이 다음과 같이 말하는 것을 들었습니다. 심지어 그리스도인들도 같은 말을 합니다. "제 양심과 확신을 엄격히 따르려고 한다면 저는 이렇게 중요하고 유용한 자리를 떠나야만 합니다. 하지만 저는 지금 있는 곳에 계속 있고 싶습니다. 그러니 가능한 한 좋은 방법으로 양심을 버릴 수밖에 없습니다. 제가 믿고 있는 것을 모두 실천에 옮겨야 한다면 그나마 지금 갖고 있는 선한 일을 할 기회마저 잃어버리고 말 테니까요. 저는 달리 정당화할 방법이 없다고 해도 계속 이 자리에 남을 참입니다."

그것이 예수님의 생각을 따르는 것입니까? 그것이 친구를 대하는 올바른 태도입니까? 림몬의 신당에서 몸을 굽히면서 하나님께서 자신에게 자비를 베풀어주실 거라고 기대하는 자들이 얼마나 많습니까? 우리는 그들의 생각이 옳은지 아닌지 명백히 알게 될 것입니다. 선한 목표를 이루기 위해 악을 행할 수 없습니다.

올바른 것은 올바른 것입니다. 그리고 올바른 것만이 언제나 복된 결과를 낳습니다. 잘못된 것은 잘못된 것입니다. 그리고 잘못된 것은 항상 저주로 끝이 납니다. 비록 잠시 동안 악이 선을 능가하는 것처럼 보일지라도 말입니다. 악한 영이 우리 최초의 조상을 이끌어 방황하게 할 때도 죄를 범하면 크고 놀라운 혜택을 얻게 될 것이라고 유혹하지 않았습니까? "너희 눈이 밝아져 하나님과 같이 되어"라고 기만의 대장이 꼬드겼습니다. 이에 하와는 선을 주겠다는 헛된 약속을 바라고 무모하게 악을 감행했습니다.

수많은 사람이 죄를 짓습니다. 죄가 크게 유익하고 지혜로우며 필요한 것처럼 보이기 때문입니다. 분명히 좋은 결과를 가져올 것이라고 확신하기 때문입니다. 그러나 그리스도의 말씀을 들어 보십시오. "너희는 내가 명하는 대로 행하면 곧 나의 친구라." 선을 위해 악을 행한다면 그리스도와 동행할 수 없습니다. 그러나 당신의 마음이 그분의 계명을 향한다면 그분이 당신을 사랑하시고 당신 안에 그분의 처소를 두고 계심을 발견하게 될 것입니다.

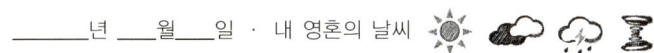

_____년 ___월___일 · 내 영혼의 날씨

1. 그리스도가 먼저 죄인인 당신의 친구가 되어주셨다고 했습니다. 이번에는 당신이 그리스도에게 어떤 친구가 되어드릴 수 있는지 생각해보십시오.

2. 당신의 잘못을 알고도 인정하거나 회개하지 못하고 마음을 굳게 하여 하나님의 교제가 단절된 적이 있습니까?

오늘 나의 감사와 간구

Wednesday

03
순종은 진정한 우정의 증거다

우리가 예수님을 위해 할 수 있는 가장 우정 어린 행동은 그분에게 순종하는 것입니다.

너희는 내가 명하는 대로 행하면 곧 나의 친구라.

부유한 사람들은 교회를 세우거나 고아원, 고아들을 위한 학교를 짓는 데 막대한 돈을 헌금하는 것이 그리스도를 위해 자신이 할 수 있는 가장 우정 어린 행동이라고 생각합니다. 그들이 믿는 자로서 그리스도가 주신 청지기의 법에 순종하는 마음으로 그 일을 했다면 잘한 것입니다. 그렇게 아낌없이 베푸는 행위는 더 많이 할수록 바람직합니다. 그러나 엄청난 자선 행위가 단지 겉치레에서 비롯된 것이라면, 많은 재산을 바쳐서 유익과 공로를 얻겠다는 생각으로 한 것이라면 그런 모든 행위를 하나님께서 결코 받지 않으십니다. 사람이 자신의 전 재산을 내어놓고 그 대가로 사랑을 달라고 주장한다면 그런 행동은 철저히 경멸받을 것입니다.

예수님은 후히 베푸는 행위 자체를 원하시는 것이 아니라 바로 우리 자신을 원하십니다. 그분은 이것을 참된 사랑의 징표로 삼으셨습니다. "내가 명하는 대로 행하면." "순종이 제사보다 낫고 듣는 것이 숫양의 기름보다 나으니"(삼상 15:22). 얼마를 내주든 우리는 그것을 기쁜 마음으로 주어야 합니다. 그러나 얼마를 내놓느냐가 순종을 대신할 수 있다고 생각한다면 크게 잘못된 생각입니다. 물질은 가져오면서 마음은 내놓지 않는다면 그것은 보석 상자만 내밀고 정작 그 속에 있는 보물은 빼돌린 것과 다를 바 없습니다. 우리가 어떻게 감히 나병 걸린 손으로 제물을 가져올 수 있겠습니까? 하나님께서 우리를 받으실 수 있게 하기 위해서는 먼저 우리가 대속의 피로 깨끗하게 되어야 합니다. 우리의 제물이 하나님께서 보시기에 정결하고 깨끗한 것이 되려면 먼저 우리의 마음이 정결하게 변화되어야 합니다.

또 다른 사람들은 금욕이라는 '탁월한' 행위를 통해 그리스도에 대한 우정 어린 마음을 보여줄 수 있다고 여겼습니다. 특별히 이전 시대의 가톨릭 신자들은 비참함과 공로가 함께한다고 믿었습니다. 그래서 사람들에게 하나님을 기쁘시게 하기 위해서는 자신을 고문하고 괴롭히라고 가르쳤습니다. 그들은 오랫동안 몸을 씻지 않고 옷도 빨지 않고 지냈습니다. 그러고는 그것을 통해 거룩의 향기를 얻는다고 여겼습니다.

그러나 예수님은 사람들이 지저분하기 때문에 더 그분의 친구가 될 수 있다고 생각지 않으십니다. 어떤 이는 고행자가 입는 옷을 입고 다녔습니다. 어떤 이는 쇠사슬로 만든 허리띠를 두르고 다녀서 온몸이 상처 투성이었습니다. 그러나 예수 그리스도는 그런 것을 우정 어린 행동으로 여기지 않습니다. 친구가 자기를 위한답시고 고행자가 입는 낡은 옷을 입고 다닌다면 기쁘겠냐고 사람들에게 물어보십시오. 그러면 열이면 열 모두 이렇게 대답할 것입니다. "제발 저 가엾은 친구에게 가장 편한 옷을 입으라고 말해주세요. 그러면 정말 기쁘겠어요." 사랑의 주님은 우리가 고통과 불편함 가운데 있는 것을 기뻐하지 않으십니다. 금식으로 몸이 야위는 것 또한 예수님의 가르침이 아닙니다.

세례 요한은 금욕주의자였는지도 모릅니다. 그러나 분명히 예수님은 그렇지 않으셨습니다. 예수님은 먹고 마셨습니다. 예수님은 사람들 속에 함께 거하시는 분이었습니다. 예수님은 은둔자의 집이나 수도원의 엄격하고 혹독한 생활을 요구하지 않으셨습니다. 그랬다면 잔칫집에 나타나시는 일은 없었을 것입니다.

세인트 앤 수도원의 수녀들은 좁은 관에서 똑바로 누워 잠을 잔다고 합니다. 그런데 그런 말을 들으면 반갑고 잘하는 일이라는 생각이 듭니까? 결코 그렇지 않습니다. 가엾은 마음에 제발 그들에게 침대로 가서 자라고 간청하고 싶어집니다. 전에 한 수도원에 가본 적이 있습니다. 그곳에는 모든 침대 머리마다 고양이의 꼬리가 아홉 개씩 매달려 있었습니다. 저는 그것이 그것을 소유한 사람을 만족시키는 데 사용되었기를 바랍니다. 하지만 저는 그런 방식을 결코 따라하고 싶지는 않습니다. 제 아이들에게도, 특별히 소중히 여기는 친구들에게도 그런 것을 보내고 싶지 않습니다. 그들에게 우정의 증거로 자신을 채찍질하라고 요구하고 싶지 않기 때문입니다.

주님은 우리가 자기 학대, 자기 고문을 할 때 만족하시는 분이 결코 아닙니다. 그런 것들은 의지로 드리는 예배에 불과합니다. 그것은 결코 예배가 아닙니다. 당신은 원한다면 40일을 금식할 수 있습니다. 그러나 그것을 통해 어떤 공로도 얻을 수 없습니다. 예수 그리스도는 그런 것을 우정의 잣대로 요구하지 않으셨습니다. 그런 것을 보고 우리를 친구로 여기지도 않으십니다. 그분은 말씀하십니다. "너희는 내가 명하는 대로 행하면 곧 나의 친구라." 그분은 우리에게 굶으라고 명령하거나 베옷을 입으라고 명령하지 않으십니다. 지하 감옥에 들어가라고 명하지도 않으십니다. 그런데도 자기 의지로 그런 일을 하는 것은 모두 교만에서 비롯된 일들입니다. 은혜는 오직 순종을 가르칩니다.

형제 공동체와 자매 공동체로 들어가는 것이 가장 고상하고 거룩한 예배와 섬김이라고 생각한 이들이 있었습니다. 그들은 '예수회'에 들어가기만 하면 그리스도의 진정한 친구가 될 것이라고 생각했습니다. 저도 모든 사람이 예수님을 위해 독신으로 살면서 철저하고 온전하게 주님의 일에 헌신하기 위해 그리스도인 공동체를 결성하는 것이 좋은 일이 아닐까 생각해본 적이 있습니다.

그러나 확실한 것은 교회라는 크고 좋은 공동체 외에 다른 조직이나 공동체의 결성을 신약에서 결코 의도하거나 시도하지 않았다는 것입니다. 프란체스코회나 도미니크회와 비슷한 단체를 신약 어디서도 찾아볼 수 없습니다. 신약에 나오는 경건한 여인들을 보면 모두 긍휼이 넘치는 자매들이었습니다. 그리스도를 닮은 남자들은 모두 예수님의 이름으로 모인 사람들이었습니다. 그러나 그들이 수도원의 서약을 했다는 말은 어디서도 찾아볼 수 없습니다.

성경에서 명하지 않은 것을 하는 것은 모두 미신적인 일입니다. 우리는 하나님의 뜻에 따라 예배를 드려야 합니다. 아무리 제가 가톨릭이 종교적 삶이라고 부르는 것에 맞춰 제 자신을 철저히 거룩하게 바치고 세상 사람들의 모임을 멀리하며 모든 시간을 홀로 묵상하며 보낸다 해도 그 안에는 아무것도 없을 것입니다. 주 예수님께서 제게 그런 것을 요구하신 적이 없기 때문입니다.

예수님께서 요구하시는 것은 따로 있습니다. 그분이 명하시는 것이라면 우리가 무엇이든 행하려고 하는 것입니다. 사람들은 왜 예수님께서 명하지도 않으신 것을 하려고 애씁니까? 교사가 학생에게 "이제 공책을 가지고 수학 수업을 들어야 할 시간이다"라고 말했는데 학생이 공책 대신 책을 가지러 갔다면 교사는 학생이 말을 잘 알아들었는지 다시 묻지 않겠습니까? 잠시 뒤 학생이 수학 시간에 글을 쓰고 있는 것을 본다면 교사가 "너는 글을 아주 잘 쓰는구나"라고 칭찬하겠습니까? 결코 그렇지 않습니다. 글을 잘 쓰고 못 쓰고는 작은 문제입니다. 풀라는 수학 문제는 풀지 않고 글만 쓰고 있다면 이는 불순종하는 악한 행동이기 때문입니다.

우리도 마찬가지입니다. 우리는 주님이 명령하신 일이 아닌 다른 일을 하면서 그 일을 아주 멋지게 잘하고 있을지도 모릅니다. "그 사람 정말 경건해"라는 다른 사람들의 칭찬을 받을 수도 있습니다. 그러나 주님의 뜻을 행하는 것이 아니라면 우리는 주님의 친구가 아닙니다. 우리는 샌들을 신고 외투를 입으라는 주님의 명령을 듣고서는 가죽신을 신고 얇은 옷을 입습니다. 그러고는 부츠와 코트를 입지 않았다는 사실만 강조합니다. 그러나 우리가 입은 옷에는 은혜가 전혀 없습니다. 그리스도가 명령하신 것을 행하는 것이 가장 잘한 일입니다.

어떤 이들은 거룩하게 구별된 건물에서 종교적인 예배에 자주 참석하는 것이 그리스도에게 깊은 우정을 보여드리는 행동이라고 생각합니다. 그들은 아침 기도, 저녁 기도, 절기행사, 금식에 수없이 참여합니다. 우리 가운데 어떤 이들은 예배를 매일 자기 집에서 드리는 것을 좋아합니다. 그들은 공적 예배를 위해 가족 기도 모임을 포기하라고 하면 너무나 싫어합니다. 그런 사람들은 교회의 공적 예배를 회복하는 것이 필요합니다. 반면에 가족 경건의 시간을 중요하게 생각지 않는 사람들도 많이 있습니다. 그러나 어느 누구도 그런 방법들로 예수님이 우리의 친구가 될 수 있다고 생각해서는 안 됩니다.

우리는 어떤 사람들처럼 함께 모이는 것을 폐하지 말아야 합니다. 가능한 한 자주 하나님의 백성들과 모이는 것이 좋습니다. 그런데 성찬식과 여러 의식들, 이런저런 예배들을 쫓아다니다가 우리의 마음이 외적인 종교라는 방앗간에서 닳아 없어지지 않도록 주의하십시오. 우리는 그리스도의 친구입니다. 그분이 명하시는 것이라면 무엇이든지 한다면 말입니다. 그것이 성찬식이나 매일 예배에 참석하는 것보다 더 좋은 점검입니다.

이제 결론을 맺습니다. 우리는 매일 아침 눈 뜨고 잠자리에서 눈을 감을 때까지 삶 속에서 진심으로 꾸준히, 주의 깊고 끈기 있게 하나님의 뜻을 행해야 합니다. 모든 일들 앞에서 이렇게 자문해보십시오. "내가 무엇을 하길 예수님께서 바라실까? 이 일에 대해 주님은 뭐라고 가르쳐주셨는가?"

그런즉 너희가 먹든지 마시든지 무엇을 하든지 다 하나님의 영광을 위하여 하라(고전 10:31).

범사에 우리 주 예수 그리스도의 이름으로 항상 아버지 하나님께 감사하며(엡 5:20).

당신은 남의 집에서 일하거나 교회 사역에 헌금을 많이 할 수 없는 형편일 수 있습니다. 그러나 주님이 명하시는 것이라면 무엇이든지 행하는 사람이라면 당신은 예수님의 친구입니다. 당신은 가정 주부일 수 있습니다. 당신이 관심을 쏟아야 할 영역이 가정이라는 작은 울타리에 지나지 않을 수도 있습니다. 그러나 자녀들에 대한 의무를 충실히 행하고 있다면, 즉 그리스도가 당신에게 명령하신 것을 행하고 있다면 당신은 예수님의 친구입니다.

당신은 소박한 직장인일 수도 있습니다. 작은 가게를 운영하는 상인일 수도 있습니다. 사람들에게 전혀 알려지지 않은 평범한 사람일 수도 있습니다. 그러나 그리스도가 당신을 구원하셨기 때문에 당신이 그분을 위해 모든 것을 하면서 정직과 의, 경건함의 본으로 그리스도를 세운다면 그리스도는 분명히 당신을 친구로 불러주실 것입니다. 어떤 귀족의 특권을 이것에 비교할 수 있겠습니까? 그리스도와의 우정은 최고위층이 가진 수많은 특권보다도 더 가치가 있습니다.

그리스도와의 우정을 유지하는 실제적인 방법을 제시하겠습니다. 바로 다음의 질문을 가지고 당신이 행하는 모든 영적 의무를 점검해보십시오. "이것이 그리스도에게 드리는 우정 어린 행동인가? 나는 이 일을 그리스도의 친구로서 하고 있는가? 내 행위가 그리스도를 영광스럽게 하는가? 그렇다면 기쁘게 그 일을 하겠다. 그러나 그로 인해 그리스도의 영광이 가린다면 나는 그 일에서 손을 떼겠다."

우리 모두가 예수님이 항상 우리 곁에 계시는 것처럼, 그분의 상처를 볼 수 있고 그분의 사랑스런 얼굴을 응시할 수 있는 것처럼 살아가기를 바랍니다. 내일 누군가가 당신에게 주님을 위한 일인지 의심이 가는 어떤 일을 하라고 시험한다면 이런 방식으로 결정하십시오. 예수님께서 그 순간 그분의 손과 발을 보여주신다면 당신은 그분 앞에서 어떻게 행동하겠습니까? 주님의 마음을 불편하게 만들 어떤 일도 하고 싶지 않게 될 것입니다. 바로 눈앞에 주님이 계신다면 당신은 주님의 마음을 근심케 할 어떤 행동도 하지 않을 것입니다. 그러므로 늘 주님을 당신 앞에 모십시오. 시편 기자는 이렇게 부르짖었습니다. "내가 여호와를 항상 내 앞에 모심이여"(시 16:8).

하나님께서 당신에게 성령의 기름을 한량없이 부어주시길 간절히 기도합니다. 사랑하는 이여, 그리스도가 늘 당신과 함께 계셔서 당신의 모든 행동을 살피시는 것처럼 사십시오. 지금 당장이라도 영광의 보좌 위에 앉으신 주님을 대면하고 그분이 당신을 심판대 앞에 부르신다고 해도 부끄럽지 않을 일을 하십시오. 그렇게 할 때 넘치는 평강과 기쁨 속에서 살아가게 될 것입니다.

> 그대의 걸음이 하나님과 친밀해지기를
> 그대의 마음이 잠잠하고 평온해지기를
> 순결한 빛이 그대를 어린 양에게
> 인도하는 길을 비춰주기를.

순종은 주님의 복된 임재 속에서 당신을 기쁨으로 물들일 것입니다. 당신은 그 임재 속에서 충만한 기쁨을 발견하고, 모든 지혜로운 자의 부러움을 살 것입니다. 당신은 주님의 사랑을 받는 자이기 때문입니다. 당신의 길은 언제나 평탄치는 않더라도 언제나 안전할 것입니다. 예수님께서 친구를 절대 떠나지 않으시기 때문입니다. 주님께서 당신을 끝까지 지켜주십니다. 그것이 저와 당신의 행복한 삶이 되기를 기도드립니다. 아멘.

순종 다이어리 03

_____년 ___월___일 · 내 영혼의 날씨

1. 예수님의 가장 좋은 친구가 되기 위해서는 그분에게 순종해야 한다는 것에 대해 어떻게 생각합니까?

2. 그리스도와의 우정은 무엇과도 바꿀 수 없는 귀한 특권입니다. 누군가가 당신에게 주님을 위한 일인지 의심 가는 일을 하도록 시험할 때 당신이 판단의 근거로 삼을 수 있는 기준은 무엇입니까?

오늘 나의 감사와 간구

04
당신의 심장이
전해주는 이야기들

너희가 나를 사랑하면 나의 계명을 지키리라(요 14:15).

요한복음 14장을 보면 전체가 확실함으로 가득 차 있습니다. 그러나 한편으로는 본문의 말씀과 같이 조건을 나타내는 문구가 곳곳에 두드러지게 배치되어 있습니다. 사실 14장에서 언급하는 크고 위대한 일들은 대부분 '조건'을 붙일 수 없는 일들입니다. 그럼에도 불구하고 '조건'을 나타내는 문구가 14장에서 일곱 번이나 나옵니다. 게다가 사도 요한은 '조건'을 나타내는 문구들을 사소한 것이 아니라 가장 엄숙한 주제에 대해 제시하고 있습니다. 그러므로 각각의 '조건절' 사이를 연결하고 있는 무언가에 대해 알아볼 필요가 있습니다. 어느 한 조건에서 다른 조건들이 비롯되든지, 조건들이 어떻게 연결되어 있든지 서로 관계가 있는 것만은 분명하기 때문입니다.

본문의 '조건절' 역시 그러합니다. 앞으로 우리는 이 구절을 세 가지 측면에서 살펴볼 것입니다. 먼저, 여기에 나오는 '조건'이 지닌 의미를 보겠습니다. 둘째, 그 조건에 뒤이어 나오는 검증법의 적절성에 대해서도 살펴보겠습니다. 셋째, 그 검증 과정을 우리가 사랑으로 견디고 감당할 수 있는지 생각해보겠습니다. 이 구절 자체가 '사랑하면 반드시 순종하게 되어 있다'는 사실을 말하고 있기 때문입니다.

먼저, 오늘의 본문이 조건절로 되어 있다는 점에서 그 의미를 살펴봄으로써 문제의 본질로 들어가볼 수 있습니다.

사랑은 마음 혹은 심장에 속한 것입니다. 심장병을 가리켜 사소한 병이라고 말하는 의사는 아무도 없습니다. 한 지혜로운 의사가 제게 말했습니다. "저는 어떤 문제 앞에서도 평안을 잃지 않습니다. 그 문제가 머리나 심장과 연관된 것만 아니라면 말입니다." 솔로몬은 우리에게 "모든 지킬 만한 것 중에 더욱 네 마음을 지키라"(잠 4:23)고 명령합니다. 그리고 그 이유를 "생명의 근원이 이에서 남이니라"(잠 4:23)고 밝힙니다. 큰 태엽이 고장 나면 시계의 모든 기능이 움직임을 멈춥니다. 마찬가지로 우리는 사랑과 연관된 문제를 결코 사소한 것으로 생각할 수 없습니다. 사랑이 핵심적인 부분을 다루고 있기 때문입니다. 오 사랑하는 형제자매여, 예수님을 향한 우리의 사랑에 아무 의심도, 아무 문제도 없기를 소망합니다.

우리 구주께서 사랑에 대해 이 조건절을 어떻게 제시하고 있는지 주목해서 보십시오. 바로 우리에게 사랑이 순종보다 앞서야 한다는 사실을 가르쳐주고 계십니다. 본문은 "나의 계명을 지켜라. 그런 다음 나를 사랑하라"고 말하지 않습니다. 결코 그렇지 않습니다. 시내의 근원이 먼저 깨끗해지지 않는 한 깨끗한 시냇물이 흐르기를 기대할 수 없으니까요.

또한 예수님은 두 가지가 별개인 것처럼 "내 계명을 지키는 동시에 나를 사랑하라"고 말씀하지도 않으셨습니다. 비록 그것이 어느 정도는 진리에 상응하지만 말입니다. 그러나 주님은 사랑을 먼저 말씀하십니다. 사랑이 중요성에서도, 경험하는 순서에서도 먼저이기 때문입니다. "너희가 나를 사랑하면." 우리는 먼저 사랑으로 시작해야 합니다. 그런 다음 "나의 계명을 지키리라." 순종의 어머니이자 양식이 바로 사랑입니다.

순종의 본질은 행위 자체에 있다기보다는 행위를 촉발하는 진심 어린 사랑에 있습니다. 어떤 사람이 외적으로는 그리스도의 계명을 지키는 것처럼 보이지만 하나님께서 기뻐 받으시는 모습으로 그리스도의 계명을 지키는 자가 아닐 수 있습니다. 어쩔 수 없어서 순종하지만 마음으로는 불순종하기를 원한다면 그의 마음은 하나님 앞에서 결코 올바르지 않습니다. 따라서 그가 한 순종의 행위들도 모두 가치가 없습니다. 계명은 그 계명을 주신 분에 대한 사랑으로 지켜야 합니다. 순종에 있어서 사랑한다는 것은 곧 삶을 살아가는 것입니다. 그리스도를 사랑한다면 우리는 그리스도를 따라가는 삶을 살아갈 것입니다. 주님에 대한 사랑은 우리가 드리는 희생을 의미 있게 만드는 소금과도 같습니다. 우리의 희생을 실제로 가치 있게 만드는 것입니다.

저는 제가 단지 목회자가 되었고 그분의 말씀을 전하는 자로 부르심을 받았기 때문에 하나님을 섬기게 될까 봐, 단지 주어진 하루의 일과이기 때문에 하나님을 섬기게 될까 봐 매우 두렵고 떨립니다. 제가 강요에 의해서가 아니라 오직 예수님을 사랑하는 마음으로 이런 일들을 하기를 간절히 바랍니다. 그리고 그렇지 못할까 봐 염려됩니다.

이런 두려움이 있기에 저는 자주 제 자신을 돌아보며 겸손히 회개하지 않을 수 없습니다. 덕분에 제가 한 일로 인해 제 자신이 영광 받고자 하는 마음을 막아낼 수 있습니다. 오직 주님을 사랑할 때에만 우리의 순종이 참되고 하나님께서 기뻐 받으시는 것이 될 수 있습니다. 우리 삶의 주된 관심은 올바른 일을 행하는 것이 되어야 합니다. 그리고 그 올바른 일을 오직 주님을 사랑하기 때문에 해야 합니다. 우리는 주님 앞에서 아브라함처럼 살아가야 합니다. 에녹처럼 주님과 동행하는 삶이 되어야 합니다. 주 예수 그리스도를 향한 끊임없는 사랑의 강권 아래 있지 않다면 우리는 비참한 실패를 맛보고 말 것입니다.

아! 지식은 모두 헛되다.
우리의 두려움도 모두 헛되다.
우리의 수고도, 고통도 모두 헛되다.
사랑이 그곳에 없다면.

보십시오. 내면의 참된 신앙이 어떤 것인지! 내면의 참된 사랑이 어떻게 모든 외적인 형식주의를 초월하는지! 참된 은혜의 근원이 얼마나 깊은지 보십시오! 우리의 마음이 새롭게 되지 않는 한 그리스도가 미소 지으시는 일을 할 수 있으리라고는 꿈도 꾸지 마십시오.

하나님과 적대 관계에 있는 마음은 단순히 종교적인 행동들을 한다고 해서 하나님께서 받아주시는 마음으로 바뀔 수 없습니다. 하나님께서 받아주시는 마음은 우리의 손이 행하는 일이 아닙니다. 우리의 입술이 하는 말도 아닙니다. 하나님께서 중요하게 보시는 것은 바로 우리의 마음이 뜻하고 의도하는 것입니다. 당신의 감정은 어느 길로 향하고 있습니까? 삶이라는 기계 전체를 움직이는 커다란 바퀴가 바로 우리 마음속에 자리하고 있습니다.

그래서 "너희가 나를 사랑하면"이라는 조건이 그 무엇보다 중요합니다. 그것은 심중을 꿰뚫는 음성입니다. 그 음성을 듣는 데서 모든 것이 시작됩니다. 구원을 위해 주 예수 그리스도를 믿는 자는 믿음의 첫 열매로 그리스도에 대한 사랑을 맺습니다. 그리스도에 대한 사랑이 우리 안에 있어야 하고 풍성히 흘러넘쳐야 합니다. 그렇지 않으면 우리가 하는 어떤 일도 의롭지 않습니다.

'사랑'이라는 달콤한 사탕 상자 안에 들어 있다면 모든 것이 거룩합니다. 이 사랑이 없다면 과연 우리는 무엇을 가지고 있는 것입니까? 아무리 뼈가 부서져라 온몸으로 섬기고, 회개의 눈물을 철철 흘리며, 무릎에 굳은살이 박이도록 엎드리고, 목이 터져라 큰소리로 외친다고 해도 심장이 사랑으로 고동치고 있지 않다면 우리의 신앙은 가을에 시든 낙엽처럼 맥없이 땅 위에 떨어지고 말 것입니다. 사랑이야말로 순종의 목걸이를 빛나게 하는 주된 보석입니다.

너희가 나를 사랑하면 나의 계명을 지키리라.

오, 이 본문을 통해 얼마나 많은 종교가 무가치한 것으로 전락하는지 모릅니다. 사람들은 교회로, 예배당으로 여전히 발걸음을 옮겨 놓겠지요. 삶 전체를 통해 신앙인다운 면모를 보여주겠지요. 겉보기에 도덕적으로 전혀 흠을 찾을 수 없을지도 모릅니다. 그러나 그럼에도 이 모든 것이 빈 껍데기일 수도 있습니다. 신앙을 고백한 사람의 마음 가장 밑바닥에 영원히 찬양 받으실 그리스도에 대한 사랑이 전혀 없다면 말입니다.

이교도는 제물의 내장을 보고 미래의 사건들을 예언한다고 합니다. 그런데 그들이 제물을 죽일 때 최악의 점을 얻는 경우가 바로 희생 제물 속에서 심장을 발견할 수 없거나 심장이 작다든지 오그라들어 있을 때임을 아십니까? 주술사들은 이런 경우 재앙이 일어날 분명한 징표라고들 얘기합니다. 제물 안에 심장이 없거나 심장에 문제가 있는 것을 악한 징조로 보는 것입니다. 우리의 신앙생활에도 이와 같은 원리를 적용할 수 있습니다. 우리를 살피시는 분이 바로 우리의 심장, 곧 마음을 살피시기 때문입니다.

인간을 시험하시는 분은 바로 그들을 통제하고 있는 수단을 시험하십니다. 지금 이 순간 주님은 바로 우리 한가운데 계십니다. 황금 허리띠를 두르고 눈처럼 흰 옷을 발끝까지 길게 드리우며 소리 없는 발걸음으로 우리 앞을 거닐고 계십니다. 보십시오. 주님은 우리 각자 앞에서 걸음을 멈추고 온유하게 물으십니다. "네가 나를 사랑하느냐"(요 21:17). 주님은 세 번이나 되풀이해서 같은 질문을 하십니다. 주님은 우리가 대답할 때까지 기다려주십니다. 그것이 핵심 질문이기 때문입니다.

그러니 대답을 거부하지 마십시오. 오, 성령님이 우리로 하여금 진실하고 신실하게 대답할 수 있게 해주시기를! 우리가 이렇게 말할 수 있게 해주시기를! "주님 모든 것을 아시오매 내가 주님을 사랑하는 줄을 주님께서 아시나이다"(요 21:17).

예수님에 대한 사랑이 그 무엇보다도 먼저입니다. 예수님에 대한 사랑이야말로 우리가 그분에게 순종해야 하는 가장 합당한 이유이기 때문입니다. 잘 보십시오.

너희가 나를 사랑하면 나의 계명을 지키리라.

개인적으로 친밀한 사랑이 개인적인 순종을 낳습니다. 사실 어떤 존재를 사랑할 때 그 사랑은 자연스럽게 행동으로 나타납니다. 따라서 주님에 대한 사랑은 그분의 계명에 순종하는 모습으로 나타납니다. 주변을 보면 무엇이든지 기꺼이 해주고 싶은 사람들이 간혹 있습니다. 우리는 그런 사람들의 뜻에 기꺼이 순복하려고 합니다. 그 사람이 "이것 좀 해주세요"라고 부탁한다면 아무 질문 없이 즉시 그 일을 해줄 것입니다. 그가 상사일 경우 그의 지시를 기꺼이 따르는 부하 직원이 되고자 할 것입니다. 더욱이 그가 평소에 존경하고 사랑하는 사람이라면 그의 말을 법이나 다름 없이 여기겠지요.

그런데 구주가 바로 그런 위치에 계셔야 합니다. 감정의 왕좌에 앉으신 주님께서 말씀하십니다. "네가 나를 사랑한다면, 네 마음이 진정으로 나를 향한다면 내 말을 계명으로 삼아라. 내 계명을 잘 기억해둬라. 살아가면서 그 계명을 계속해서 지켜라." 그래서 주님이 이 말씀을 마음에서 시작하신 것입니다. 주님이 우리의 감정에 왕으로 임하지 않으신다면 우리가 행위로 그분에게 순종할 수 없기 때문입니다.

거룩한 분을 향한 사랑이야말로 모든 거룩한 삶의 샘이고 근원입니다. 당신은 예수님의 아름다움에 사로잡혀 있습니까? 구속하시는 주님의 아름답고 사랑스러운 인격에 사로잡힌 거룩한 포로입니까? 그렇다면 당신 안에는 분명히 주님의 명령을 지키도록 당신을 강권하고 이끄는 갈망이 있습니다.

그래서 우리 주님은 사도들에게조차 이 말씀을 하셔야 했습니다. 예수님은 택함 받은 열두 제자에게 "너희가 나를 사랑하면"이라고 말씀하십니다. 명색이 제자들인데 어떻게 그들이 예수님을 사랑하지 않는다고 의심할 수 있겠습니까? 그러나 그 열두 제자 가운데에는 주님을 배신하고 은 삼십에 주님을 판 사람이 있었습니다. 그러나 아무도 그 제자를 의심하지 않았습니다. 그 역시 다른 제자들과 마찬가지로 충성스러운 자처럼 보였기 때문입니다. 아! 열두 제자들조차 "너희가 나를 사랑하면"이라는 말을 들어야 했다면, 오늘날 우리의 교회를 엄밀히 조사하고 스스로를 살피기 위해 우리는 이 말을 얼마나 더 해야 하는 걸까요? 이 말씀은 오늘날 우리에게도 절실히 필요합니다. 주님의 음성을 들으십시오. "너희가 나를 사랑하면."

우리 가운데 어떤 이들은 종교적인 분위기 속에서 태어나고 자랐습니다. 늘 경건한 사람들에게 둘러싸여 살았습니다. 악한 세상으로 나가 세상의 어리석음에게 유혹을 받아본 적도 없습니다. 혹시 그래서 망설임 없이 자신이 분명히 주님을 사랑하는 것이라고 결론 내리는 것은 아닌지요? 그것은 지혜롭지 못할 뿐만 아니라 위험한 생각입니다. 결코 스스로 점검하지 않은 갑옷을 입고 영광스러워하지 마십시오. 그리스도에 대한 사랑을 시험하는 일들을 견뎌보지 않았다면 결코 그 사랑 안에서도 즐거워하지 마십시오. 우리가 스스로에게 속고 착각하고 있다면 얼마나 두려운 일이겠습니까? 우리가 스스로 믿고 있는 사랑에 의문을 제기하신 분이 바로 구주입니다. 그러므로 자신을 점검하고 마음이 올바른 상태에 있는지 살펴보십시오.

잘못된 길을 가고 있을까 염려하며 올바르게 가고 있는지 확인하는 편이 자신이 올바르다고 확신하기 때문에 소망의 근거를 살피는 것조차 거부하는 편보다 훨씬 더 좋은 결과를 가져다줄 것입니다. 예수님에 대한 사랑을 온전히 확신하기를 바랍니다. 그러나 예수님을 사랑하지도 않으면서 사랑한다고 믿게 하는 식으로 당신을 속이고 싶지 않습니다. 주님, 저희를 살피고 시험하옵소서!

기억하십시오. 누구든지 주 예수 그리스도를 사랑하지 않으면 그리스도가 오실 때 저주를 받게 될 것입니다. 그것은 모든 사람에게 적용됩니다. 아무리 저명하고 탁월한 사람이라 해도 예외가 될 수 없습니다. 제자였던 유다는 파멸의 아들이었음이 드러났습니다. 나만은 그렇지 않다고 누가 장담할 수 있겠습니까? 아무리 학식이 높은 사제이든, 인기가 많은 목사이든, 유명한 복음 전도자나 존경 받는 장로이든, 열심히 섬기는 집사나 정통성 있고 유서 깊은 신앙의 가문이라 할지라도 결국에는 주님을 사랑하지 않는 자로 드러날 수 있습니다.

신성한 예수님의 이름으로 선택받은 자들과 함께 성찬식에 동참했어도 진정으로 주 예수 그리스도를 사랑하지 않는다면 저주가 그에게 임할 것입니다. 그가 누구이든 말입니다. 그러니 지금 이 시간 주님의 입술에서 나오는, 마음을 찌르는 이 말씀을 받아들이십시오. "너희가 나를 사랑하면 나의 계명을 지키리라." 이 말씀을 마음에 깊이 새기십시오. 주님이 다른 누구도 아닌 바로 내게 주시는 말씀입니다. 본문은 "교회가 나를 사랑하면"이라고 말하지 않습니다. "이런저런 목회자가 나를 사랑하면"이나 "네 형제들이 나를 사랑하면"이라고 말하지 않습니다. 본문은 "너희가 나를 사랑하면 나의 계명을 지키리라"고 말합니다. 각 사람이 답해야 할 가장 중요한 질문은 다른 누구도 아닌 내가 나의 구속자와 개인적으로 관계를 맺고 있느냐는 것입니다. 그리고 그 관계로 인해 개인적으로 순종하고 있느냐는 것입니다.

우리는 저마다 이 질문에 반드시 답해야 합니다. 진부하고 흔한 질문처럼 들릴 수 있습니다. 그러나 그것은 우리 모두가 끊임없이 물어야 할 질문입니다. 물론 설교자에게도 그 질문을 해야 합니다. 설교자는 다른 사람들을 위해 성경을 읽는 일이 습관이 된 사람입니다. 주일학교 교사에게도 이 질문을 해야 합니다. 주일학교 교사 역시 자신보다는 학생들을 위해 성경을 공부하기 쉽습니다.

우리는 모두 이 말씀의 진리를 개인적이면서도 강권적으로 마음에 받아들여야 합니다. 우리는 유쾌하지 않은 질문은 늘 다른 사람들에게 돌리는 경향이 있기 때문입니다. 귀가 들리지 않은 사람들이 뿔나팔을 높이 들어올리면 우리는 그들에게 자신을 향해 나팔을 불라고 말할 것입니다. 저는 지금 각 사람의 마음에 똑똑히 들려드리고 싶습니다. "너희가 나를 사랑하면 나의 계명을 지키리라."

그런데 그 질문은 대답할 수 있는 질문입니다. 그 질문은 예수님께서 사도들에게 한 말씀이었습니다. 사도들은 그 질문에 대답할 수 있었습니다. 베드로는 다른 열한 명의 제자를 대표해 "내가 주님을 사랑하는 줄 주님께서 아시나이다"라고 대답했습니다. 그것은 우리의 이해력과 판단력을 벗어난 신비에 대해 물으신 질문이 아닙니다. 그것은 사실에 대한 명백하고 단순한 문제를 다룹니다. 사람은 자신이 주님을 사랑하는지 안 하는지 알 수 있습니다. 그리고 그것을 반드시 알아야 합니다.

자신을 경계하고 살피는 자여서 주님을 사랑한다고 적극적으로 말하지 못하는 사람이 오히려 더 진정으로 주님을 사랑하는 자일 수 있습니다. 세속적인 안주 속에서 그런 질문조차 하지 않는 사람들보다 그 질문에 더 확실한 답을 할 수 있는 사람들이 오히려 거룩한 경계심으로 인해 더 많이 그런 질문을 제기할 수 있기 때문입니다. 단지 예수님을 사랑하고 싶어 한다는 사실만으로 만족하지 마십시오. 자신이 그리스도를 사랑하는지 안 하는지 알고 싶어 한다는 것만으로 만족하지 마십시오. 자신이 예수님을 사랑하는지 모른다면 그것은 너무나 위험한 상태입니다. 그러므로 그 위험한 상태에서 벗어나기 전까지 결코 잠들지도 마십시오. 그런 사람은 웃을 수도 없습니다. 그 문제가 해결되지 않은 상태에서는 먹을 수도, 마실 수도 없습니다. 먼저 그 질문에 답해야 합니다. 게다가 그것은 즉시 대답할 수 있는 질문이지 않습니까?

그리스도를 사랑하지 않는다고요? 그리스도를 사랑하지 않느니 차라리 살지 않는 편이 낫습니다. 그리스도를 사랑하지 않는다고요? 그 두려운 사실을 두 눈에서 흘러내리는 눈물로 숨기지 마십시오. 그런 두려운 깨달음으로 인해 우리가 더 나은 것들을 추구하게 될 수 있기 때문입니다. 주님을 진정으로 사랑한다면, 그분을 향한 사랑의 삶에 의심의 그림자가 드리워진 상태에서는 결코 안식할 수 없습니다. 그 질문에 답하지 않고는 결코 견딜 수 없을 것입니다.

제가 영혼으로부터 당신을 사랑하지 않나이까?

그렇다면 저로 아무것도 사랑하지 않게 하옵소서.
예수님께서 제 마음을 움직일 수 없다면
그 무엇에도 기쁨을 느끼지 못하게 하옵소서.

제 심장이 당신의 이름을 높이며
피를 쏟아놓지 않나이까?
죽음의 차가운 손을 대적하며
결코 꺼지지 않는 불꽃을 꺼뜨려보라고 말하지 않나이까?

존귀하신 주님, 당신은 아십니다.
제가 당신을 사랑하는 것을.
그러나 오, 저는 영원하지 않은 기쁨의 땅에서 높이 날아올라
당신을 더 사랑하게 되기를 갈망하나이다.

"너희가 나를 사랑하면", 조건절로 제시된 본문의 말씀을 잘 듣고 생각해보십시오. 그리고 "주님을 사랑합니다. 주님이 제 음성을 듣고 제 탄원을 들으셨기 때문입니다"라고 말할 때까지 결코 안식하지 마십시오.

집중 다이어리 04

_____년 ___월___일 · 내 영혼의 날씨

1. 단지 직분을 받았다는 이유로 타성에 젖어 주님의 일을 한 적은 없습니까?

2. 당신은 주님을 사랑하고 있습니까? 그렇다면 혹은 그렇지 않다면 당신의 지금 모습을 있는 그대로 솔직하게 표현해보십시오.

오늘 나의 감사와 간구

05
분별력 있고
적절한 검증 방법

너희가 나를 사랑하면 나의 계명을 지키리라 (요 14:15).

본문에서 제안한 검증 방법이 매우 분별력 있고 적절하다는 점을 주의 깊게 보기 바랍니다. 이것이 사랑의 가장 좋은 증거입니다. 여기에서 제시하는 검증 방법은 율법 없는 방종을 말하지 않습니다. 우리는 물론 율법이 아닌 은혜 아래 있습니다.

그러나 우리는 또한 그리스도의 법 아래 있는 자들입니다. 그리스도를 사랑한다면 그분의 계명을 지켜야 합니다. 믿는 자들이 지켜야 할 계명이 있다는 사실을 절대로 받아들이지 않는 사람들이 있습니다. 그런 사람들이 하는 말에 귀 기울이지 마십시오. 의무가 없다고 말하는 것은 죄가 없다고 말하는 것과 같습니다. 그것은 결국 구주가 없다고 말하는 것이나 다름 없습니다.

말씀에는 "너희가 나를 사랑하면 너희가 원하는 대로 무엇이든지 하라. 너희가 마음으로 나를 사랑하는 한 나는 너희가 어떤 삶을 살든 개의치 않는다"라고 되어 있지 않습니다. 하나님의 거룩한 말씀 어디에서도 그런 가르침은 찾아볼 수 없습니다. 그리스도를 사랑하는 자는 하늘 아래 가장 자유로운 자입니다. 동시에 가장 강력한 구속 아래 있는 자입니다. 그는 자유인입니다. 그리스도가 그의 속박을 풀어주셨기 때문입니다.

그러나 그는 감사가 넘치는 사랑을 통해 그리스도의 구속 아래 있는 자입니다. 그래서 그리스도의 사랑은 그가 자신을 사랑하신 주님을 따라, 주님을 위해 살며 주님을 위해 죽고 다시 살아나도록 강력하게 이끕니다. 아니, 우리는 법이 없는 삶을 갈망하지 않습니다. 우리는 심판의 권세를 가진 율법 아래 있지는 않지만 마음을 다해 하나님의 법을 기뻐한다고 말할 수 있는 자들입니다.

우리는 완벽한 거룩함을 갈망합니다. 그리고 주 예수님의 계명에 대해 우리 영혼으로 진심 어린 충성을 바칩니다. 사랑이 곧 법입니다. 사랑의 법이 모든 법 가운데 가장 강력합니다. 그리스도는 우리의 주님이요 왕이 되셨습니다. 그리고 그분의 계명은 결코 무겁지 않습니다.

본문의 말씀은 또한 열광적인 도전도 담고 있지 않습니다. 본문은 "너희가 나를 사랑하면 어떤 특별한 행동들을 하라"고 말하지 않습니다. 이 말씀에서 요구하는 검증 방법은 무절제한 분출도, 흥분한 두뇌에서 나온 야심찬 계획을 실현시키려는 시도도 아닙니다. 결코 그런 것이 아닙니다. 은둔자들이나 수녀들, 광신자들은 이 본문에서 자신들을 위한 어떤 예나 말씀도 찾을 수 없을 것입니다.

어떤 이들은 예수님을 사랑하면 서약을 하고 골방으로 들어가 기괴한 옷을 입거나 삭발을 해야 한다고 생각합니다. 이렇게 말하는 이들도 있습니다. "그리스도를 사랑한다면 우리가 가진 모든 것을 벗어버려야 한다. 그리고 굵은 베옷을 입고 허리띠를 두르고 사막에서 금식해야 한다." 그러나 구주는 그런 것에 대해 말씀하지 않으셨습니다. 다만 "너희가 나를 사랑하면 나의 계명을 지키리라"고 말씀하셨습니다.

때로 교회의 어떤 지체들은 예수님에 대한 사랑을 보이기 위해서는 잘 다니던 직장도 그만두어야 한다고 말하기도 합니다. 어린 자녀들이 굶고 아내는 파리하게 수척해가는데도 그들은 예수님에 대한 사랑이라는 미명 아래 광적인 생각과 행동들을 계속합니다. 그런 잘못된 생각 속에서 온갖 어리석은 행동들로 돌진합니다. 그리고 건전한 사람들의 조언을 받아들이려고 하지 않기 때문에 결국 자신의 인격과 삶을 망쳐버리고 맙니다.

그들은 주님이 친히 본문에서 제시하신 사랑의 가장 위대한 검증 방법에 만족할 줄 모릅니다. 본문의 말씀은 그런 경솔하고 잘못된 태도들을 일일이 비난하지는 않습니다. 대신 더 합리적인 검증 방법을 제시함으로써 그런 잘못된 생각들을 전체적으로 나무랍니다.

너희가 나를 사랑하면 나의 계명을 지키리라.

당신의 흥분된 머릿속에서 나오는 이론들을 장황하게 늘어놓지 마십시오. 그런 절망적이고 가망 없는 일들을 하겠다고 맹세하지도 마십시오. 그런 경우 당신은 주님의 영광을 구하고 있지 않을 가능성이 많습니다. 대신 자신의 이름이 널리 알려지기를 원하고 있는 것입니다. 혹시 최고의 헌신을 목표로 하고 있습니까? 그러나 그것은 자신이 탁월하고 유명한 사람이 되기 위해서일 뿐입니다. 사람들이 성도로서 우월한 당신의 모습을 알아봐주길 바라는 마음일 뿐입니다.

당신은 심지어 이기적인 동기로 핍박을 추구하는 단계까지 나아갈 수 있습니다. 그러나 사람의 마음에 무엇이 있는지 아시는 지혜로운 구주는 그분에 대한 참된 사랑을 검증하는 가장 확실한 방법이 무엇인지 아십니다. 그래서 이렇게 말씀하십니다. "너희가 나를 사랑하면 나의 계명을 지키리라."

왜 구주는 이것을 우리에게 검증 방법으로 주셨을까요? 그 한 가지 이유는 우리가 주님을 그분의 참된 지위 속에서 사랑하고 있는지 점검하기 위한 것이라고 생각합니다. 우리가 알지 못하는 사이에 스스로 만들어낸 그리스도를 사랑하고 있는 것은 아닌지 점검하기 위함입니다.

절반의 그리스도는 갈망하면서 그리스도 전체를 거부하기란 쉽습니다. 스스로 만들어낸 그리스도를 따르는 것도 쉽습니다. 그러나 그것은 명백한 적그리스도 행위입니다. 진정한 그리스도는 한없이 위대하고 영광스러운 분입니다. 그래서 그분은 우리에게 계명을 주실 권한을 갖고 계십니다. 모세는 결코 우리 구주가 여기에서 사용하신 것과 같은 표현을 사용하지 않았습니다. 모세는 단지 "하나님의 계명을 지키라"고 했지 "나의 계명을 지키라"고 말하지 않았습니다.

우리가 주님이라고 부르는 귀하신 분께서 오늘 우리에게 말씀하십니다.

너희가 나를 사랑하면 나의 계명을 지키리라.

그분은 명령을 내리시기에 얼마나 합당한 분입니까! 그분은 당신의 백성들에게 얼마나 온전한 주 되심의 권리를 갖고 계십니까!

그분은 성도들에게 얼마나 위대한 분인지 모릅니다. 주님의 계명을 지킨다는 것은 주님을 그분이 말씀하시는 위치에 놓는 것입니다. 순종을 통해 주님의 주권과 하나님 되심을 고백하는 것입니다. 그리고 도마처럼 "나의 주님이시요 나의 하나님이시니이다"(요 20:28)라고 말하는 것입니다.

그리스도를 온유하고 겸손하신 종이요 구주로 알고 있으면서도 정작 주 예수 그리스도로는 알지 못하는 사람들이 너무나 많습니다. 이 사실이 얼마나 두려운지 모르겠습니다. 그런 사람들은 잘못된 그리스도를 섬기고 있는 것입니다. 예수님이 우리의 주님과 하나님이 아니라면 우리는 결코 예수님을 사랑하는 것이 아닙니다. 그것은 모두 거짓말이고 위선일 뿐입니다. 그리스도를 그렇게 사랑하는 것은 그분에게서 신성을 도둑질하는 것입니다.

저는 그리스도를 왕의 왕, 주의 주로 인정하지 않으면서 그분을 사랑한다고 말하는 자들을 혐오합니다. 주님을 사랑하면서 그분을 자기 입맛대로 만드는 것, 그것은 말도 안 되는 일입니다. 그리스도의 뜻보다 우선해서 자신의 의지를 따르면서 주님을 사랑한다고 말하는 것, 그것은 우스꽝스럽기 짝이 없는 일입니다. 그것은 사탄의 거짓 사랑과 다를 바 없습니다. 그것은 모든 참된 사랑에 정반대되는 일입니다.

사랑은 충성된 것입니다. 사랑은 주님에게 순종으로 관을 씌워 드리는 것입니다. 예수님을 올바르게 사랑한다면 그분의 모든 말씀을 하나님의 계명으로 여기게 됩니다. 구원하시는 그리스도뿐만 아니라 명령하시는 그리스도도 사랑한다면, 그리스도를 우리 죄를 용서해주시는 분으로 바라볼 뿐 아니라 삶의 인도자로 바라본다면 당신은 진정한 그리스도를 사랑하는 것입니다.

이 검증 방법은 매우 분별력이 있습니다. 우리가 사랑하는 대상이 살아서 우리와 함께하심을 증명하기 때문입니다. 사랑은 언제나 사랑하는 대상과 가까이 있기를 갈망합니다. 또한 사랑에는 그 대상을 늘 가까이 있도록 하는 능력이 있습니다. 사랑하는 사람이 물리적으로 아무리 멀리 떨어져 있다고 해도 우리의 생각 속에서는 아주 가까이 있을 수 있습니다. 마음속에서는 사랑하는 대상이 아주 가까이에 있기 때문에 그에 대한 생각이 살아서 움직이는 것입니다.

한 주인에게 충실한 종들이 있습니다. 그는 그 종들에게 집안의 모든 일을 맡겼습니다. 한번은 그가 먼 곳으로 떠나게 되었습니다. 그러나 충실한 종들은 주인이 집안에 있어 자신들을 살펴보는 것처럼 매일같이 맡은 일을 충실히 했습니다. 주인이 곧 돌아올 예정이었지만 언제 돌아오는지는 아무도 몰랐습니다. 그러나 종들은 주인이 돌아올 때를 대비해 모든 것을 잘 관리하고 일을 수행했습니다. 주인이 언제 돌아오든 상관없도록 말입니다.

종들은 주인 앞에서만 열심히 일하는 척하는 사람들이 아니었습니다. 그들은 주인이 자리를 비웠을 때도 여전히 열심히 일했습니다. 주인이 그들을 보지 않더라도 그들은 사랑의 눈으로 항상 주인을 바라보았습니다. 그랬기 때문에 주인이 집을 떠나 있어도 집 안에 있는 것처럼 일을 했습니다. 종들의 사랑이 주인을 늘 그들 가까이에 있게 한 것입니다.

한 아버지가 세상을 떠나며 아들에게 유산을 남겼습니다. 아들은 아버지를 사랑하고 존경했기에 아버지가 살아 계셨을 때와 마찬가지로 아낌없이 사람들에게 재산을 나눠줍니다. 왜 그렇게 하느냐고 질문하자 아들이 대답합니다. "저는 사랑하는 아버지가 살아 계셨다면 하셨을 일을 하고 있을 뿐입니다." "왜 그렇게 하는 거죠?" "제가 아버지를 사랑하기 때문이지요."

사람은 죽어서 이 세상을 떠나도 그를 사랑하는 사람들 마음속에 영원히 살아 있습니다. 마찬가지로 살아 계신 그리스도는 죽은 것이 아니라 멀리 떠나셨지만 우리의 사랑을 통해 우리와 함께하십니다. 그러므로 우리가 주님을 사랑한다는 증거는 바로 예수님께서 우리와 함께 계셔서 우리의 행동을 다스리고 우리의 동기에 영향을 미치며 우리의 순종의 이유가 되신다는 것입니다. 예수님께서 이렇게 말씀하시는 것 같습니다. "너희가 나를 사랑한다면 내가 떠나고 곁에 없어도 여전히 내가 너희와 함께 있어 너희를 보고 있는 것처럼 너희의 일을 계속하고 있을 것이다. 내가 있을 때처럼 계속해서 내 계명을 지킬 것이다."

이 말씀은 가장 분별력이 있는 검증 방법입니다. 주님의 계명을 지킴으로써 우리는 주님을 기쁘시게 하고 영광스럽게 하는 일을 하기 때문입니다. 열정이 넘치는 한 그리스도인이 이렇게 외쳤습니다. "오, 구주를 찬양하기 위해 내가 무엇을 하리이까?"

귀 기울여 들으십시오. 형제자매여, 당신이 진정 구주를 사랑한다면 그분의 계명을 지키십시오. 그것이 당신이 해야 할 모든 것입니다. 당신이 할 수 있는 가장 위대한 일입니다.

예수님은 우리가 과도한 열정에 휩싸여 의지로만 예배 드릴 때보다 그분의 계명에 지속적으로 순종할 때 더 많은 영광을 받으십니다. 예수님께서 우리에게 명령하신 것은 그런 과도하고 단발적인 열정이 아니었습니다. 향유 옥합을 깨뜨려 온 집안을 달콤한 향기로 채우고 싶다면, 주님의 머리에 가장 진귀한 보석으로 치장한 관을 씌워 드리고 싶다면 그렇게 할 수 있는 방법이 바로 여기에 있습니다. "나의 계명을 지키리라."

주님의 모든 계명에 온전하고 지속적이며 전심을 다해 순종하는 것만큼 주님에게 더 큰 감사와 영광, 존귀를 올려 드릴 수 있는 방법은 없습니다.

더욱이 구주가 "너희가 나를 사랑하면 나의 계명을 지키리라"고 말씀하시며 이 검증법을 시험해보라고 명령하신 것은, 그 일을 통해 우리가 예수님께 존귀와 영광을 올려 드릴 준비가 된다는 것을 알고 계셨기 때문입니다.

너희가 나를 사랑하면 나의 계명을 지키리라 내가 아버지께 구하겠으니 그가 또 다른 보혜사를 너희에게 주사 영원토록 너희와 함께 있게 하리니(요 14:15-16).

성령으로 충만히 채워진다면 당신은 그리스도에게 큰 영광을 올려 드릴 수 있습니다. 그러나 그리스도의 계명을 지키지 않으면 성령 충만할 수 없습니다. 위로자이신 성령님은 오직 거룩하게 하시는 분으로 임하시기 때문입니다. 성령님은 우리를 거룩하게 해서 쓰임 받기 합당한 자들로 빚으십니다. 구주께서 말씀하십니다. "너희가 나를 사랑하면 나의 계명을 지키리라."

오직 그렇게 할 때 우리는 주님의 이름을 영광스럽게 하는 도구로서 하늘의 은사를 얻을 수 있습니다. 주님에 대한 사랑으로 섬기기를 원하는 곳이 있다면 주님에게 순종하는 것이 그곳으로 가는 유일한 길입니다.

그러나 여기서 계속 머물러 있을 필요는 없습니다. 친구가 죽어가면서 이런저런 행위를 통해 당신에게 사랑을 입증해 보이라고 말한다고 합시다. 그 친구는 자신이 원하는 것을 요구할 것입니다. 당신이 이미 그 친구에게 무엇이든지 요구할 수 있는 백지

위임장을 주었기 때문입니다. 친구가 요구하는 것은 가장 쉬운 일일 수도 있고 가장 어려운 일일 수도 있습니다. 어쨌든 친구가 사랑의 시금석으로서 무언가를 요구한다면 당신은 그의 요구를 거부할 수 없을 것입니다.

당신의 아내가 다음과 같이 말한다고 합시다. "여보, 이제 먼 길을 떠나면 여러 날 동안 만나지 못할 테니 부디 제 사진을 가지고 가주세요." 당신은 당연히 아내의 부탁을 들어줄 것입니다. 그것은 아주 쉽고 간단한 일입니다. 동시에 더할 나위 없이 소중하고 신성한 일입니다.

마음이 온전히 예수님에 대한 사랑에 사로잡힌 자들이라면 세례식이나 성찬식 같은 일을 결코 소홀히 여기지 못할 것입니다. 어쩌면 그런 의식들은 때로 사소한 것처럼 보일 수 있습니다. 그러나 그것은 주 예수님께서 명하신 것이기에 우리가 결코 소홀히 여길 수 없는 일들입니다. 결혼반지를 벗어놓는 것은 중죄가 아닙니다. 그러나 남편을 사랑하는 아내라면 그런 일을 함부로 하지 않을 것입니다. 마찬가지로 이런 외적인 의식들을 사랑의 징표로 여긴다면 어떤 그리스도인들도 세례식이나 성찬식 같은 의식을 소홀히 여기지 않을 것입니다.

이유를 묻는 것은 우리의 몫이 아닙니다. 그런 행동이 본질적인지 비본질적인지에 대해 논쟁하는 것도 우리가 할 일이 아닙니다. 사랑으로 올바르게 순종하는 것만이 우리가 할 일입니다. 우리 마음의 신랑이여, 당신이 원하시는 것을 말씀하옵소서. 순종하겠나이다! 오직 당신이 우리에게 미소 짓고 힘을 주시기만 한다면 아무리 큰 일도 불가능하지 않으며 아무리 작은 일도 사소한 일이 될 수 없습니다!

_____년 ___월___일 · 내 영혼의 날씨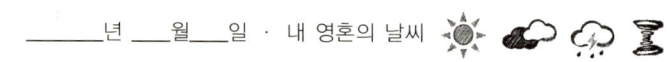

1. 사람의 마음에 무엇이 있는지 아시는 지혜로운 구주께서 그분에 대한 당신의 참된 사랑을 검증하는 가장 확실한 방법은 무엇입니까?

2. 당신이 주님을 사랑한다는 사실은 어떤 모습으로 표현되고 있습니까? 혹 그리스도를 사랑한다고 하면서 당신의 뜻을 더 앞세웠던 적은 없습니까?

오늘 나의 감사와 간구

06
나를 사랑하면
나의 계명을 지키리라

너희가 나를 사랑하면 나의 계명을 지키리라(요 14:15).

참된 사랑은 이 검증 방법을 견디고 입증될 것입니다. 저는 이 말씀이 우리의 생각뿐만 아니라 변화된 삶 속에 기록되기를 소망합니다! 우리는 순종할 것이고 순종해야만 합니다. 그 명령을 주신 분을 우리가 사랑하기 때문입니다. 그러므로 이 말만은 꼭 하고 싶습니다. 그리스도를 사랑한다면 무엇보다 먼저 그분의 계명이 무엇인지 아시기 바랍니다. 조금이라도 의문이 드는 것이 있다면 성경을 더 철저히 연구하십시오. 거룩한 하나님의 말씀이 당신을 인도하고 지도하실 것입니다.

그리고 그리스도의 계명에 대해 깨달은 것을 진실하게 삶 속에서 실천하며 사십시오. 어떤 위험과 위협 속에서도 진실하게 행하십시오. 그리고 즉시 행하십시오. "저는 지금까지 계속 순종해왔습니다. 하지만 이제 그만두려고 합니다." 그렇게 말하는 것은 악한 죄입니다. 우리는 어떤 상황에서도 주님의 모든 뜻에 절대적으로 순종하라는 명령을 받았습니다. 이에 동의하지 않겠습니까? 우리가 진정으로 주님을 사랑한다면 결코 이에 이의를 제기할 수 없을 것입니다.

모든 계명을 당신에게 주시는 말씀으로 여기십시오. 그리고 그 계명들에 순종하십시오.

너희는 온 천하에 다니며 만민에게 복음을 전파하라(막 16:15).

이것이 당신에게 주신 부르심이 아닙니까? 형제여, 지금 이 말씀을 듣고 있는 당신은 선교사로 부르심을 받은 자입니까? 그렇다면 이렇게 말하지 않겠습니까? "내가 여기 있나이다 나를 보내소서"(사 6:8).

우리 가운데 혹시 마음이 상처와 분노로 가득한 사람이 있습니까? 계속해서 당신을 악하게 대한 자가 있습니까? 도저히 그가 한 모든 행동을 잊을 수 없습니까? 그렇다면 주님이 주시는 이 명령을 들으시기 바랍니다.

그러므로 예물을 제단에 드리려다가 거기서 네 형제에게 원망들을 만한 일이 있는 것이 생각나거든 예물을 제단 앞에 두고 먼저 가서 형제와 화목하고 그 후에 와서 예물을 드리라(마 5:23-24).

사랑하는 자들아 우리가 서로 사랑하자(요일 4:7).

우리 가운데 빚진 자가 있다면 이 계명에 순종하십시오.

피차 사랑의 빚 외에는 아무에게든지 아무 빚도 지지 말라(롬 13:8).

당신이 가난한 자들을 무시하며 인색하게 살아가고 있다면 이 계명을 들으십시오.

네게 구하는 자에게 주며 네게 꾸고자 하는 자에게 거절하지 말라(마 5:42).

당신이 기쁘게 받아들일 수 없는 계명이 있다면, 그것은 당신의 마음속에 무언가 바로잡을 것이 있다는 경고입니다. 그리스도가 주신 계명 중 어느 한 가지라도 당신에게 갈등이 된다면 다른 어떤 것보다도 그 계명에 집중해서 속히 갈등을 끝내십시오.

인색했던 한 그리스도인이 어떻게 자신의 탐욕을 이겨냈는지 보십시오. 그가 교회에 헌금을 내겠다고 약속하자 사탄이 다가와 속삭였습니다. "너 돈이 필요하다며. 그런데 교회에 낼 돈이 어딨어." 그는 발을 세게 구르며 이렇게 말했습니다. "아니, 네 말을 듣느니 차라리 두 배로 헌금하겠어." 그러자 사탄이 말했습니다. "너 미쳤구나. 그럴 돈이 있으면 한푼이라도 아끼고 모아." 그는 결코 사탄에게 질 수 없다는 생각에 네 배로 헌금하겠다고 대답했습니다. 사탄이 말했습니다. "너 완전히 정신이 나갔구나." 그러자 그는 계속해서 말했습니다. "여덟 배로 헌금하겠어. 그래도 네가 나를 계속 미혹한다면 열여섯 배를 내겠어. 무슨 일이 있어도 탐욕의 종이 되진 않겠어."

요점은 태만해지고 싶은 유혹이 강하게 드는 영적 의무일수록 오히려 더 온전히 그 의무에 영혼을 드리라는 것입니다. 예수님은 이렇게 말씀하지 않으셨습니다. "너희가 나를 사랑하면 이 계명 혹은 저 계명을 지키라." 오직 주님은 사랑으로 모든 계명에 순종하라고 말씀하십니다.

우리 가운데 많은 사람들이 주 예수 그리스도를 사랑하지 않습니다. 그런 사람들의 마음에는 지금 제가 한 이야기들이 전혀 와 닿지 않을 것입니다. 우리는 바로 이 점에 주목해야 합니다. 당신이 주 예수 그리스도를 사랑하지 않기 때문에 그분의 계명을 지키지 못하고, 그렇기 때문에 설교를 들어도 아무 감동도 받지 못하고 있다는 점에 대해 생각해보십시오. 그리고 정직하게 적으십시오. "나는 주 예수 그리스도를 사랑하지 않는다." 그것이 사실이라면 그 점에 대해 계속해서 깊이 생각하십시오.

예수님을 사랑한다면 기쁜 마음으로 이렇게 적을 수 있을 것입니다. "나는 주 예수님을 사랑한다. 오, 예수님을 더 사랑할 수 있는 은혜를 부어주옵소서!" 그러나 당신이 예수님을 사랑하지 않는다면 그 또한 정직하게 기록으로 남기십시오. 용기 내어 적으십시오. "나는 주 예수 그리스도를 사랑하지 않는다." 그리고 기록한 것을 들여다보십시오. 계속 들여다보십시오.

오, 하나님과 성령님께서 당신을 인도해 온전히 사랑스러운 예수님을, 인간의 영혼을 깊이 사랑하신 예수님을 사랑하지 않은 것을 회개하게 하시기를 기도합니다! 당신이 즉시 주님을 사랑하기를 기도합니다! 아멘, 아멘!

순종 다이어리 06

_____년 _____월 _____일 · 내 영혼의 날씨

1. 주님이 주신 계명 중에서 기쁜 마음으로 받아들이기 힘든 것이 있다면 무엇입니까?

2. 위의 질문에 "예"라고 대답했다면, 이것은 곧 당신에게 바로잡아야 할 것이 있다는 뜻입니다. 이를 어떻게 바로잡을지 생각하고 즉시 실천에 옮겨보십시오.

🌿 오늘 나의 감사와 간구

2nd Week

순종과 믿음

[07~09] 2195번째 설교 : 1890년 8월 21일 목요일 저녁
뉴잉턴, 메트로폴리탄 테버나클에서

[10~12] 1654번째 설교 : 1882년 4월 16일 주일 아침
뉴잉턴, 메트로폴리탄 테버나클에서

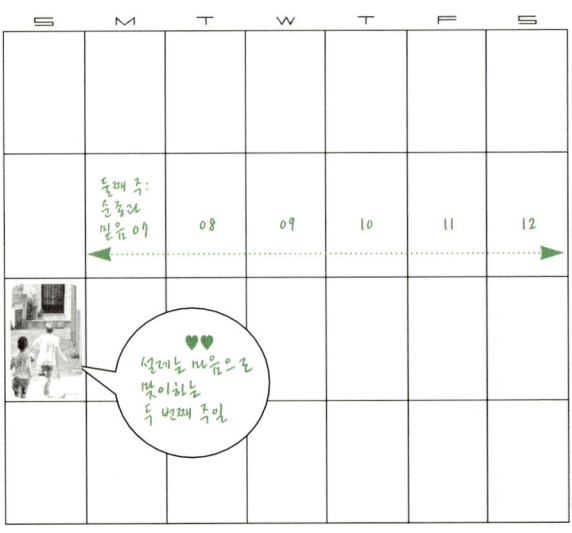

S	M	T	W	T	F	S
둘째 주: 순종과 믿음 07	08	09	10	11	12	
	♥♥ 설레는 마음으로 맞이하는 두 번째 주일					

07
믿음이 먼저인가, 순종이 먼저인가

> 믿음으로 아브라함은 부르심을 받았을 때에 순종하여 장래의 유업으로 받을 땅에 나아갈새 갈 바를 알지 못하고 나아갔으며(히 11:8).

이 말씀에서 우리는 아브라함의 순종에 주목할 필요가 있습니다. 순종! 우리 모두 성령님을 통해 온전히 순종하는 자로 세워질 수 있다면 그처럼 복된 일이 또 있을까요? 온전한 순종을 실천할 때 우리에게 온전한 회복이 일어납니다. 하나님께 온전히 순종할 때 사람들에게는 사랑이, 모든 계층에는 정의가, 모든 나라에는 평화가 찾아와 세상은 아름다운 천국과 같이 될 것입니다. 우리의 뜻은 질투와 악의, 전쟁을 불러일으킵니다. 반면에 주님의 뜻은 사랑과 기쁨, 안식, 더없는 기쁨과 환희를 가져다줍니다. 그러니 우리 자신과 다른 사람들을 위해 주님의 뜻에 온전히 순종하는 마음을 달라고 기도합시다!

당신의 거룩한 다스림에
순종하지 않으려는 마음이 있나이까?
강림하소서, 오 주권적인 사랑으로 강림하소서.
완고하고 굳은 영혼을 녹이소서.

예전에 분명 우리는 많은 눈물과 한숨으로 자신의 불순종을 후회하고 애통해야 하는 사람들이었습니다. 그러나 이제는 주님의 자녀로서 기쁘게 스스로 복종할 수 있는 사람들이 되었습니다. 모든 일에서 주님의 뜻을 행하는 것이 우리의 가장 깊은 갈망이 되었기 때문입니다. 어떤 이들은 믿음으로 말미암은 칭의의 교리가 선한 행위나 순종에 대한 가르침에 맞선다고 생각합니다. 그러나 그렇지 않습니다. 제가 말하고 싶은 순종은 믿음에서 비롯된 순종입니다.
믿음은 순종이 솟아나는 샘이고, 순종의 기초이며, 순종을 기르는 양육자입니다. 인간은 하나님을 믿지 않는 한 결코 그분에게 순종할 수 없습니다. 믿지 않는 것은 불순종입니다. 우리가 과연 순종하고 있는지의 여부는 우선 생각과 이해, 마음에서 드러납니다. 그것은 바로 그리스도가 행하신 사역을 신뢰하며 그분의 가르침을 믿는 것입니다. 또한 그분의 구원에 의지하는 것입니다. 믿음은 순종을 알리는 새벽별입니다. 하나님의 일을 하고자 한다면 먼저 하나님께서 보내신 예수 그리스도를 믿어야 합니다.

어떤 사람들이 주장하듯이 순종을 두 번째 자리에 놓아서는 안 됩니다. 우리는 하나님의 뜻을 따르는 마음의 순종을 구원으로 여겨야 합니다. 완전한 순종에 이르는 것은 완전한 구원을 뜻합니다. 구주께서 죽음으로 이루려고 하신 위대한 계획에는 성화뿐 아니라 순종까지 포함됩니다. 그분은 우리를 죽은 행실에서 깨끗하게 하사 "선한 일을 열심히 하는 자기 백성"(딛 2:14)이 되게 하려고 피를 흘리셨습니다.

우리가 택하심을 받은 이유가 바로 여기에 있습니다. 즉 우리는 순종함과 거룩함을 위해 택하심을 받은 사람들입니다(벧전 1:2). 택하심을 받은 자가 죄 가운데 계속 머물 수는 없습니다. 부르심을 받았다는 것은 곧 성도로 부르심을 받았다는 뜻이기 때문입니다(롬 1:7). 순종이야말로 택하심과 부르심을 받은 자들의 마음속에 하나님의 은혜가 이루어 가고자 하는 장엄한 목표입니다. 그러므로 성도들은 순종하는 자녀가 되어야 합니다. 하나님 아버지께서 기뻐하시는 맏아들 예수의 형상을 닮아가야 합니다(마 3:17).

믿음에서 비롯된 순종은 고귀한 순종입니다. 종이기 때문에 순종하는 것은 잘 훈련된 말이나 개가 주인에게 순종하는 것과 다르지 않습니다. 종의 순종은 채찍을 맞을까 봐 두려워하는 마음에서 나오기 때문입니다. 인간이 달리 행할 길이 없어 순종할 뿐이라면, 그래서 기회가 주어질 경우 언제라도 반역자가 될 수 있다면, 그런 자의 순종은 하나님 앞에서 아무 가치도 없습니다.

믿음의 순종은 외부의 강요가 아니라 내면의 원칙에서 솟아납니다. 가장 진실한 마음과 분별력 있는 이성, 뜨겁디 뜨거운 열정이 뒷받침되어 있습니다. 인간이 구속자 하나님 아버지께 순종해야 한다고 마음으로 깨닫고 분별하는 동시에 그리스도의 사랑이 그렇게 하도록 강권하는 것입니다. 위대한 의무를 깨닫고 순종의 합당함을 이해하며 마음이 영적으로 새로워질 때 거룩하게 된 영혼은 본질적으로 순종하게 됩니다. 그런 순종은 시험이 찾아와도 흔들리지 않고 고난이 몰려와도 소멸되지 않습니다. 죽음조차 은혜 가운데 있는 영혼에게 순종할 수 있는 능력을 더해줄 뿐입니다. 순종할 때처럼 한없는 기쁨을 맛볼 때도 없기 때문입니다.

그렇습니다. '주님의 얼굴을 보게 된다' 는 것, 그리고 '주님의 성전에서 밤낮으로 그분을 섬기게 된다' 는 것이야말로 천국을 구성하는 가장 주된 요소입니다. 그런데 지금 사는 이곳에서 더 온전히 순종할수록 우리는 주님의 성전 문에 더 가까이 다가가게 될 것입니다. 성령님, 우리 안에서 역사하사 아브라함처럼 믿음으로 순종하게 하옵소서!

저는 지금 순종, 주 하나님을 향한 절대적 순종에 대해 말하고 있습니다. 말했다시피 이것은 종의 순종이 아니라 자녀의 순종입니다. 공포에서 나온 순종이 아니라 사랑으로 행하는 순종입니다. 두려움의 순종이 아니라 믿음의 순종입니다. 자녀의 순종, 사랑의 순종, 믿음의 순종에 부디 이르시기를 바랍니다. 더 굳센 믿음을 향해 나아가십시오.

믿음으로 아브라함은 부르심을 받았을 때에 순종하여.

믿음의 아버지인 아브라함이 행한 순종은 전적으로 믿음의 결과물이었습니다. 우리의 모든 참된 순종도 믿음의 산물입니다. 하나님을 거짓말쟁이로 생각하는 한 우리는 그분이 받으실 순종을 결코 행할 수 없습니다. 참된 순종은 오직 그리스도 예수 안에서 하나님의 진리와 사랑, 은혜를 믿는 믿음으로 성령을 통해 이루어집니다.

당신은 혹시 지금 불순종하고 있거나 지금까지 불순종하며 살아오지는 않았습니까? 그렇다면 더 나은 길로 가기 위해선 오직 하나님을 신뢰하는 방법밖에 없습니다. 그렇지 않다면 아무리 어떤 행동을 인이 박이도록 한다 해도, 아무리 스스로 결단하고 노력한다 해도 하나님께 온전히 순종할 수 없습니다.

우리를 참된 순종으로 인도하는 것은 값없이 주어진 은혜의 길로 가는 것입니다. 하나님의 선물이신 예수님, 하나님에게서 나서 우리의 거룩함이 되신 주 예수님을 믿음으로 받아들이는 것입니다. 그럴 때 예수님은 우리에게 순종을 가르치고 우리 안에 순종을 창조하십니다. 순종은 믿음에서 자연스럽게 흘러나옵니다. 우리는 믿는 만큼, 그리스도 예수를 통해 계시된 하나님께 굳세고 순전한 믿음을 드리는 만큼 삶 속에서 거룩한 순종을 올려 드리게 될 것입니다.

이제 어떤 믿음이 순종을 낳는지 구체적으로 살펴보겠습니다. 순종을 낳는 믿음이란, 하나님께서 우리에게 순종을 명할 권리를 갖고 계심을 믿는 것입니다. 우리는 하나님이 주권자라는 사실을 알고, 그분의 뜻이 곧 법이라는 것도 알고 있습니다. 우리는 창조자요 보호자, 구속자, 아버지이신 하나님을 변함없이 섬길 분으로 생각합니다.

또한 우리는 주님과 연합할 때 내가 나 자신의 것이 아니며 주님이 값을 치르고 사신 존재임을 고백합니다. 주 하나님은 우리에 대해 명명백백한 권리를 갖고 계십니다. 천사들의 섬김도 받지만 우리 인간의 열렬한 섬김을 받는 데 있어 더 큰 권리와 근거를 갖고 계십니다. 천사들은 우리와 마찬가지로 창조되었지만 우리처럼 보혈로 구속받은 자들은 아니기 때문입니다. 성육신하신 영광스러운 하나님은 우리의 모든 호흡과 생각, 능력, 삶의 매순간에 대해 아주 명백한 권리를 갖고 계십니다.

우리의 충성심은 믿음에 기초를 두고 있습니다. 그 충성심이야말로 순종하게 만드는 주된 동력입니다. 그 마음을 항상 품으십시오. 주님은 '하늘에 계신 우리 아버지' 시지 않습니까? 그런 하나님께서 우리에게 가까이 다가오십니다. 이는 하나님께서 스스로를 낮추셨기 때문에 가능한 일입니다. 하나님을 감히 우리와 같은 존재로 생각해서는 안 됩니다. 아무리 추구하고 누려도 지나치지 않은 하나님과의 거룩한 친밀함이 있는가 하면, 아무리 혐오해도 지나치지 않은 주님에 대한 경솔하고 건방진 태도도 있습니다.

주님은 왕이십니다. 주님의 모든 말씀은 곧 법입니다. 하나님은 자신이 기뻐하는 것을 선포하고 성취할 권리를 갖고 계십니다. 자신이 기뻐할 일을 하라고 우리에게 명하고 그에 미치지 못하는 모든 잘못과 결함을 처벌할 주권적 권리를 갖고 계십니다. 우리는 감히 그 권리에 의문을 제기할 수 없습니다. 다만 하나님을 만물의 주로 믿기에 그분에게 기쁜 마음으로 경의를 표하고 이렇게 갈망할 수 있습니다. "뜻이 하늘에서 이루어진 것같이 땅에서도 이루어지이다"(마 6:10).

순종을 낳는 믿음이란 또한, 하나님께서 말씀하시거나 행하시는 모든 것이 의로움을 믿는 것입니다. 어떤 상황에서도, 무슨 일이 있어도 하나님의 말씀에 오류가 있다는 주장은 받아들일 수 없습니다. 그런 주장은 주님이 오류를 범하실 수 있다고 말하는 것과 같습니다. 성경에서 하나님이 구원의 위대한 진리에 있어 오류를 범하신다고 생각할 수 없듯이 역사나 과학의 문제에서도 오류를 범하신다고 생각할 수 없습니다. 주님이 하나님이라면 오류가 전혀 없는 분이어야 합니다. 하나님께서 인간의 역사와 과학 같은 작은 문제들에 있어 오류를 범하실 수 있다면 더 큰 문제들에 있어 어떻게 그분을 신뢰할 수 있겠습니까? 여호와 하나님은 행동이나 말씀에서 오류를 범하시는 분이 절대로 아닙니다.

십계명이나 그밖에 다른 곳에 기록되어 있는 하나님의 법을 보면서 우리는 그 법이 완전함을 믿습니다. 율법의 계명이 무엇이든지, 복음의 말씀이 무엇이든지 모든 말씀은 온전히 순전하고 거룩합니다. 그 말씀 중 어느 하나라도 소홀히 여길 수 없습니다.

'사소한 문제들' 까지 그래야 하느냐고 묻고 싶습니까? 네, 우리는 하나님의 말씀 중 그 무엇도 사소하게 여길 수 없습니다. '사소하다' 는 표현이 중요하지 않다는 뜻이라면 말입니다. 우리는 하나님의 말씀 하나하나, 금지와 가르침 하나하나를 마땅한 것으로 받아들여야 합니다. 여기에 무엇을 보탤 수도, 뺄 수도 없습니다. 하나님의 계명을 제쳐두거나 수정 가능한 논증의 대상으로 삼아서는 안 됩니다. 하나님은 다만 우리에게 순종을 명하십니다. 주여, 우리에게 순종하는 참된 마음을 주옵소서!

또한 우리는 우리에게 순종을 명하시는 주님을 믿어야 합니다.

아브라함은 아버지의 집을 떠났습니다. 하나님께서 그에게 "너는 너의 고향과 친척과 아버지의 집을 떠나 내가 네게 보여줄 땅으로 가라"(창 12:1)고 말씀하신다고 확신했기 때문입니다. 하나님께서 갈대아인들이나 우르에 있는 가족과 친척들에게 뭐라고 말씀하셨든지 간에 아브라함은 하나님께서 그에게 주신 특별한 명령을 가장 중요하게 여겼습니다.

하나님께 '다른 사람들의 순종'을 올려 드리기는 아주 쉽습니다. 우리는 이웃들이 '충분히' 경건하게 살지 못하고 있다고 비난합니다. 그러면서 자신은 하나님을 잘 섬기고 있다고 착각합니다. 물론 이웃에게 결점이 없는 것은 아닙니다. 그러나 우리는 자신의 결점을 보는 데 더 민감해야 합니다. 이웃집의 정원에 난 잡초를 뽑는 일보다 자신의 포도밭을 지키는 것이 먼저입니다.

우리는 저마다 주님께 이렇게 부르짖어야 합니다. "주님, 제가 무엇을 하길 원하십니까?" 다른 이들이 하나님의 부르심을 듣지 못할 때에라도 하나님의 택하심으로 구속 받은 우리는 그분의 음성을 들어야 합니다. 다른 이들이 순종하지 않을 때에라도 우리의 영혼은 기쁘게 순종해야 합니다. 우리는 제단의 뿔에 끈으로 묶여 있습니다. '감사'라는 세상에서 가장 질긴 끈이 예수님을 섬기도록 우리를 붙들어 매고 있습니다.

우리는 우리를 위해 죽기까지 순종하신 예수님께 삶 속에서 순종해야 합니다. 주님을 섬길지 말지는 자유입니다. 그것은 우리가 하나님의 뜻에 순복하고 싶어서 하는 일이니까요. 하나님을 기뻐하는 것이 우리의 기쁨입니다. 우리의 가장 깊은 본질이 하나님께 순종하길 갈망하고 순종이 습관처럼, 심령이 호흡하는 공기처럼 되는 것은 진정 복된 일입니다. 지존자의 피로 씻음 받은 자녀들은 모두 분명히 그런 복을 누리게 될 것입니다. 그들의 삶을 보면 알 수 있는 일입니다. 다른 사람들도 하나님에게 순종해야 합니다. 그러나 나 자신이 먼저 하나님께서 주신 의무에 온 힘을 기울여야 합니다.

순종은 믿음에서 나옵니다. 믿음이야말로 우리가 행동할 때 따라야 할 최고의 원칙입니다. 참된 신자는 무엇보다도 하나님을 믿습니다. 그렇기에 이렇게 말할 수 있습니다. "사람은 다 거짓되되 오직 하나님은 참되시다"(롬 3:4). 하나님에 대한 믿음이 그의 모든 믿음 중에서 가장 으뜸이 되고, 그가 확신하는 모든 것 중에서 가장 확신하는 것이 됩니다. 하나님을 신뢰하는 것과 다른 것들을 신뢰하는 것을 금과 돌의 관계에 빗댈 수 있습니다. 하늘이 땅 위에 있는 것처럼 참된 신자에게 영원한 세계는 잠깐에 지나지 않는 이 세상의 모든 일을 초월합니다.

믿는 자여, 진리를 하나님의 영광으로 채색해보십시오. 그러면 진리가 얼마나 영광스러운지 알 것입니다. 하나님과 영원한 세계와 관계없는 것들은 당장이라도 그것을 원하는 자들에게 아무 주저함 없이 줘버리게 될 것입니다. 하나님에 대해 최고의 믿음을 가지십시오. 그렇지 않다면 하나님의 뜻이 당신에게 최고의 규칙이 될 수 없습니다.

참된 신자라면 살아가는 매순간마다 '내가 어떻게 해야 하나님께 순종할 수 있을까?'를 생각할 것입니다. 그런 사람의 가장 큰 갈망은 하나님의 뜻을 행하는 것이겠지요. 하나님의 뜻을 기꺼이 받아들이고 감당하는 것입니다. 여기에 단서나 조건도 붙이지 않고 대신에 이렇게 기도할 것입니다. "제 안에 남아 있는 반역의 불순물을 없애주옵소서. 저를 불태울 용광로를 주님의 뜻대로 활활 타오르게 하옵소서."

그의 선택은 부유함도, 편안함도, 명예도 아닙니다. 그는 오직 주님의 소유인 자신의 몸과 영으로 하나님을 영광스럽게 하는 일만 갈망합니다. 다른 사람들이 자기 의지를 규칙으로 삼을 때 그는 순종을 규칙으로 삼습니다. 그는 하나님을 향해 이렇게 부르짖습니다. "주님이 명하시면 저는 서기도 하고 가기도 합니다. 주님의 뜻이 곧 제 뜻입니다. 주님의 기쁨이 곧 제 기쁨입니다. 제가 주님의 법을 사랑하기 때문입니다."

하나님은 우리에게 감당하기 힘들 만큼 큰 믿음을 부어주십니다. 순종하는 삶을 살고자 한다면 반드시 소유해야 할 믿음이 그런 믿음이기 때문입니다! 우리를 다스릴 권한이 하나님께 있음을 믿으십시오. 하나님의 계명이 의롭고, 우리 각자에게 순종할 의무가 있으며, 그 계명이 우리에게 최고의 권위가 되어야 함을 믿으십시오. 이런 믿음을 통해 우리는 하나님께 선택받은 목적을 깨닫게 될 것입니다. 바로 우리가 사랑으로 하나님 앞에서 거룩하고 흠 없는 자가 되는 것 말입니다.

당신에게 이런 믿음이 있습니까? 하나님께 순종하도록 이끄는 믿음이 있습니까? 이것은 제 자신에게 하는 질문이기도 합니다. 제가 지금 말하고 있는 순종이 바로 행함이 있는 순종, 하나님과 동행하는 믿음이기 때문입니다. 달리 표현하여 이렇게 물어볼 수도 있겠습니다. "당신은 산 자의 땅에 발을 딛고 하나님 앞에서 살아가고 있습니까?"

우리가 듣는 데는 탐욕스럽고 비판하는 데는 가혹하며 자기 칭찬에는 민첩하지만 순종하고자 하는 마음이 없는 믿음을 가지고 있다면 위선자의 믿음을 가지고 있다고 할 수 있습니다. 우리의 믿음이 올바른 가르침을 세우고 우리의 생각과 다른 모든 사람을 굴복시킬 수 있지만 정작 순종의 열매를 맺지 못한다면, 그 믿음 때문에 우리는 '성 밖에' '개들' 과 함께 있게 될 것입니다. 순종하게 하는 믿음은 오직 하나님의 자녀만이 지닌 구별된 믿음입니다. 산을 움직이는 믿음보다 순종하는 믿음을 소유하는 편이 더 낫습니다.

저는 하나님의 제단을 희생 제물로 산처럼 쌓고 하나님의 궁정을 향기로 가득 채우는 믿음보다 순종하는 믿음을 택하겠습니다. 저는 한 나라를 다스리는 왕이 되기보다는 하나님께 순종하는 편을 택하겠습니다. 우리 영혼이 유업으로 받을 수 있는 가장 높고 고상한 통치권은 지존자에게 믿음의 순종을 드림으로써 자기 자신을 다스리는 권한을 소유하는 것이기 때문입니다. 그것이 바로 "믿음으로 아브라함은 부르심을 받았을 때에 순종하여"라는 구절에서 말하는 믿음입니다. 우리는 오직 믿음으로만 순종할 수 있습니다.

Spurgeon

순종 다이어리 07

_____년 _____월_____일 · 내 영혼의 날씨

1. 그리스도의 사랑만이 우리에게 순종을 강권할 수 있습니다. 혹 외부의 강요에 떠밀리거나 달리 행할 길이 없어 마지못해 주님께 순종한 적이 있습니까?

2. 완전한 순종에 이르는 것은 완전한 구원을 뜻한다고 했습니다. 하나님의 자녀로서 당신의 삶에서 하나님께 완전히 순종하지 못하고 있는 부분이 있다면 무엇입니까?

🌱 오늘 나의 감사와 간구

08
순종을 미루는 이들이
빠지기 쉬운 함정

믿음으로 아브라함은 부르심을 받았을 때에 순종하여 (히 11:8).

하나님을 순전하게 믿는다면 그분의 말씀에 즉각 순종하게 마련입니다. 순종을 미루는 것은 불순종입니다. 의무를 자꾸만 뒤로 미루는 그리스도인들은 이 점을 기억하시기 바랍니다. 의무를 계속 미루는 것은 지속적으로 죄를 짓는 일입니다. 하나님의 명령에 순종하지 않는다면 죄를 짓는 것입니다. 또한 그 상황에 계속 머물러 있다면 매순간 반복적으로 죄를 짓는 것입니다. 이는 심각한 문제입니다. 지금 어떤 행동을 해야 하는데 가만히 있다면 죄를 짓는 것입니다. 다음번에도 여전히 그 일을 하고 있지 않다면 또 다시 불순종하는 죄를 범하는 것입니다. 결국 순종하기 전까지 그런 상황은 계속될 것입니다. 효력을 지닌 명령을 계속해서 무시하고 그런 행태를 오랫동안 지속한다면 상황은 매우 심각해집니다. 불순종한 죄에 대해 양심이 냉담해지고 굳어지는 만큼 그에 따른 또 다른 죄가 주님의 진노를 불러일으킵니다. 의를 행하지 않는 것은 커다란 악입니다. 그런데 양심이 무뎌질 때까지 그 일을 계속 거부하는 것이야말로 더 큰 악입니다.

어떤 사람이 세례를 받으러 저를 찾아왔습니다. 그는 40년 동안 주 예수님을 믿으며 살아왔고 세례가 성경적이라는 사실도 이미 알고 있다고 했습니다. 저는 그가 이미 알고 있는 의무를 오랜 세월이 흐르도록 행하지 않고 불순종했다는 사실이 마음 아팠습니다. 그래서 당장 세례 받을 것을 제안했습니다. 그곳은 작은 마을이어서 세례를 받기에 좋은 조건은 아니었습니다. 그래서 함께 시내로 가서 세례식을 하자고 말했습니다.

그러나 그는 주저하며 "아닙니다. 믿는 자는 결코 서두르지 않습니다"라고 말했습니다. 바로 그 말 속에서 그토록 행하기 쉬운 일에서도 이스라엘 백성이 광야에서 보낸 세월만큼이나 오랫동안 주님에게 의도적으로 불순종해온 그의 모습을 볼 수 있었습니다. 그는 잘못을 고백한 뒤에도 고치기를 주저했습니다. 성경 말씀까지 인용하며 순종을 미루는 자신을 변명하려고 했습니다. 그러나 다윗은 말합니다. "주의 계명들을 지키기에 신속히 하고 지체하지 아니하였나이다"(시 119:60).

이 이야기는 하나님의 명령을 미루는 전형적인 예입니다. 우리가 해야 할 수많은 영적, 도덕적 의무, 가정과 직장에서의 의무, 신앙적인 의무들이 있습니다. 우리는 그 의무들을 모두 같은 방식으로 미루면서 하나님께서 전혀 개의치 않으신다고 생각하는 것 같습니다. 부하 직원에게 일을 시켰는데 그가 "내일 하겠습니다"라고 대답한다면 어떻게 하겠습니까? 분명히 그 직원을 호되게 나무랄 테지요. 엄한 목소리로 지금 당장 그 일을 하라고 명할 것입니다. 그럼에도 그가 한 시간 뒤에 그 일을 하겠다고 한다면 그것을 순종이라고 할 수 있을까요? 순종은커녕 건방지고 무례한 태도가 아닐 수 없습니다.

순종은 바로 지금 해야 하고 즉각적이어야 합니다. 그렇지 않으면 아무 소용이 없습니다. 순종에서 시간은 그 무엇보다 중요한 요소입니다. 잠시 멈춰서 순종할 것인가, 뒤로 미룰 것인가 망설인다면 그것은 시작에서부터 반역하는 것입니다. 종은 언제나 주인의 말에 귀를 기울입니다. 우리는 채찍과 박차가 필요한 말이 아닙니다. 사랑을 통해 우리는 종이 억지로 할 수 있는 일보다 더 많은 일들을 할 수 있습니다. 순종의 길을 따라 신속히 나아갈 수 있도록 우리의 발에 사랑의 날개가 달려 있기 때문입니다.

순종은 또한 정확해야 합니다. 사실 아브라함의 순종마저 처음에는 이 점에서 어느 정도 실패했습니다. 아브라함은 하나님의 명령을 듣고 즉시 갈대아 우르를 떠났지만, 하란까지만 가고 아버지가 죽을 때까지 그곳에 머물렀습니다. 그 후에 다시 명령을 받고 나서야 그는 하나님께서 보여주겠다고 약속하신 땅을 향해 떠났습니다. 우리 가운데 단지 절반의 순종만 하는 사람이 있다면 주님이 명하신 모든 것을 온전히 행하기를 기도합니다. 순종해야 할 항목 가운데 어느 하나라도 뒤로 미루지 않도록 세심하게 노력하십시오.

어쨌거나 위대한 족장 아브라함은 곧 자신의 실수를 고쳤습니다. 성경에서 "믿음으로 아브라함은 부르심을 받았을 때에 순종하여… 나아갔으며"라고 말하고 있습니다. 저는 본문에서 중간 부분을 생략했습니다. 그렇게 해도 의미가 달라지지 않고, 그것이 바로 우리가 순종해야 하는 방식이기 때문입니다. 우리는 주님이 명령하시는 것, 바로 그 일을 해야 합니다. 스스로 만들어낸 다른 일을 하는 것이 아닙니다. 얼마나 많은 사람들이 어리석게도 하나님께서 원하시는 것이 아닌 다른 것을 그분에게 드리려고 애쓰는지 모릅니다. 주님은 말씀하십니다. "내 아들아 네 마음을 내게 주며"(잠 23:26).

사람들은 주님에게 의식을 드립니다. 하나님은 그들에게 순종을 원하시지만 그들은 스스로 만들어낸 제사를 드립니다. 하나님은 믿음과 사랑과 의를 요구하시지만 그들은 만만의 강물 같은 기름과 살진 짐승의 기름을 바칩니다. 그들은 하나님께서 기뻐하시는 단 한 가지를 제외하고 모든 것을 드립니다. 그러나 "순종이 제사보다 낫고 듣는 것이 숫양의 기름보다 나으니"(삼상 15:22)라고 했습니다. 하나님께서 참된 믿음을 주셨다면 우리는 눈에 잘 띄는 뛰어난 일을 하고자 갈망하기보다 하나님께서 원하시는 그 일을 정확히 하고자 갈망하게 될 것입니다. 하나님의 말씀 일점일획에 마음을 기울이십시오. 작은 일에도 주의를 기울이는 것이 바로 아름다운 순종의 모습입니다.

순종은 크고 위대한 일들보다 작고 보잘것없는 일들 속에서 그 본질이 더 잘 드러납니다. 커다란 죄를 향해 달려가는 사람은 거의 없지만 은밀한 반역에 빠져드는 사람은 많습니다. 그들의 마음이 하나님과 올바른 관계에 있지 않기 때문입니다. 너무나 많은 사람이 심장을 살피며 폐부를 시험하시는 하나님, 생각과 동기를 보시는 하나님을 섬긴다는 사실을 잊어버리는 바람에 자신들이 순종이라고 부르는 것을 망쳐버리고 맙니다.

하나님은 우리에게 마음을 다해 순종할 수 있게 하십니다. 하나님을 기쁘시게 하는 명령에 주의를 기울일 뿐만 아니라 그분의 모든 뜻을 존중하도록 우리를 인도하십니다.

또한 아브라함이 실제로 행동이 따르는 순종을 했다는 사실을 눈여겨보십시오. 하나님께서 아브라함에게 아버지 집을 떠나라고 명령하셨을 때 아브라함은 그 일에 대해 생각해보겠다는 식으로 대답하지 않았습니다. 그 명령을 따를지 거부할지를 놓고 논쟁하거나 논의하지 않았습니다. 그 명령에 대해 아버지 데라나 주변 사람들에게 함께 생각해보자고 부탁하지도 않았습니다. 아브라함은 아버지 집을 떠나라는 부르심을 받았을 때 그 명령을 따라 그대로 떠났습니다. 아, 우리는 말은 너무도 많이 하면서 순종은 얼마나 적게 하는지요! 머리와 입만 살아 있는 신앙으로는 많은 것을 이룰 수 없습니다. 우리에게는 손과 발이 따르는 신앙이 필요합니다.

수년 전 요크셔에서 선량한 남자 한 분을 만난 적이 있습니다. 그 사람은 제게 이렇게 말했습니다. "우리에게는 정말로 좋은 목회자가 있습니다." 저는 대답했습니다. "그래요, 참 기쁜 일이군요." 그러자 그는 "네, 그는 두 발로 설교를 전하시는 분입니다"라고 대답했습니다. 그렇습니다! 목회자가 하나님과 동행함으로써 두 발로 설교하고, 하나님을 위해 일함으로써 두 손으로 설교하는 것은 진정 중요하고도 중요한 일입니다. 자신이 가는 곳, 자신이 행하는 것으로 하나님을 영광스럽게 하는 것이야말로 진정 잘 하는 일입니다. 그런 사람은 입으로만 설교하는 50명의 설교자보다 더 탁월한 설교자입니다.

누군가의 말을 잘 듣기만 해서는 좋은 청취자가 될 수 없습니다. 귀로 들은 것에 마음이 향하고 손이 그 마음을 따라갈 때 우리의 믿음이 입증될 것입니다. 하나님에 대한 믿음에서 비롯된 순종이야말로 진정한 순종입니다. 그런 순종이야말로 행위로 그 진실함을 입증하기 때문입니다.

또한 믿음은 멀리 내다보는 순종을 낳습니다. 다음의 말씀을 주목해서 보십시오.

> 믿음으로 아브라함은 부르심을 받았을 때에 순종하여 장래의 유업으로 받을 땅에 나아갈새 갈 바를 알지 못하고 나아갔으며(히 11:8).

순종하는 즉시 그 자리에서 대가를 받을 수 있다면 얼마나 많은 사람들이 하나님께 순종하겠습니까? 사람들은 순종에 대한 즉각적인 보상을 기대합니다. '손 안에 있는 한 마리 새가 덤불 속에 있는 두 마리 새보다 낫다'고 생각합니다. 그들에게 앞으로 '천국을 소유하게 될 것'이라고 말하면 이렇게 대답합니다. "천국을 지금 이곳에서 즉시 사용 가능한 부동산처럼 소유할 수 있다면 그 천국을 구하겠소. 하지만 나중에 직접 갈 때까지 인내하며 기다려야 한다면 그렇게는 못하겠소." 이 세상의 삶을 끝낸 뒤 내세에서 땅을 유업으로 받는다는 것은, 실용적으로 사고하는 이들에게 단지 동화 같은 이야기로 들릴 뿐입니다. 그래선지 이렇게 묻는 사람들이 참 많습니다. "신앙을 가지면 무슨 보상이 있는가? 잘 믿으면 떡고물이라도 챙길 수 있는가? 주일에는 꼭 가게 문을 닫아야만 하는가?" 그들은 손익 계산을 따지고 모든 것을 고려하고 난 뒤 결국 하나님께 순종하는 것이 자기 입장에서는 감당할 수 없는 사치스런 일이라고 결론짓습니다. 적어도 세상을 살아가는 동안에는 할 수 없는 일이라고 생각합니다.

반면에 믿음의 순종을 실천하는 사람들은 내세의 상급을 구합니다. 순종을 통해 가장 큰 상급이라는 보물을 하늘의 창고에 쌓아놓습니다. 믿음만으로도 그들이 누리는 유익은 지극히 큽니다. 십자가를 지는 것은 분명히 짐을 지는 일입니다. 그러나 그것은 또한 안식을 발견하는 일이기도 합니다. 그들은 "십자가 없이는 면류관도 없다"는 것을 알고 있습니다. 그들은 이 세상에서 순종하지 않는다면 다음 세상에서도 상급이 없다는 진리를 알고 있습니다. 순종하기 위해서는 죽음의 검은 급류 너머에 있는, 눈으로 볼 수 없는 것들과 우리 사이를 갈라놓은 장막 안을 멀리 내다볼 수 있는 믿음이 필요합니다.

기억하십시오. 참된 믿음에서 나오는 순종이 계산하지 않고 무조건적이며 절대적인 순종인 경우가 얼마나 많은지 말입니다. "나아갈새 갈 바를 알지 못하고 나아갔으며"라고 성경에서 말하고 있지 않습니까? 하나님은 아브라함에게 길을 떠나라고 명령하셨습니다. 그러자 아브라함은 당장 자신의 장막을 옮기고 알지 못하는 땅으로 길을 떠났습니다. 비옥한 땅을 통과하기도 하고 메마른 광야를 지나기도 했습니다. 친구들 속에 거하기도 했고 적들 한가운데를 통과하기도 했습니다. 아브라함은 자신이 가는 길이 어디로 이어지는지 알지 못했습니다. 그러나 하나님께서 자신에게 가라고 명령하셨다는 사실만은 알고 있었습니다.

악한 자들도 합당하다고 생각되면 하나님의 명령에 순종할 수 있습니다. 그러나 선한 사람들은 하나님의 명령을 어떻게 생각해야 할지 모르는 상황에서도 그 명령에 순종합니다. 하나님의 명령을 판단하는 것은 우리의 몫이 아닙니다. 단지 그분의 명령을 따르는 것만이 우리가 할 일입니다.

오늘날 주의하고 조심하라고 설교할 필요는 거의 없습니다. 진리를 위해 위험을 감수하려는 자들을 찾아보기 힘들기 때문입니다. 주님의 영광을 구하려는 양심이 오늘날 얼마나 희귀해졌는지 모릅니다. 어떤 결과가 나올까 신중하게 고려하는 태도는 사방에서 넘쳐납니다. 그러나 순종하며 그리스도를 위해 모든 것을 감당하려는 심령은 찾아보기 힘듭니다. 오늘날의 아브라함들은 자신의 친척을 떠나려고 하지 않습니다. 생계를 위험 속에 내놓으려고 하지 않습니다. 그들이 혹시 떠난다면 그것은 자신이 어디로 가고 있는지, 새로운 땅에서 얼마나 많은 것을 얻을 수 있는지 철저히 따져본 뒤에 취한 행동일 뿐입니다.

저는 지금 그들의 행동을 판단하려는 것이 아닙니다. 단지 사실을 말씀드리고 있습니다. 우리의 청교도 조상들은 양심의 길을 가는 데 있어 재산이나 자유를 조금도 중요하게 여기지 않았습니다. 진리의 열매를 포기하느니 차라리 추방과 위험을 감수하는 편을 선택했습니다. 그러나 지금 우리 후손들은 평안과 세상의 즐거움을 더 좋아하고 영웅적인 믿음보다 '문명과 문화'를 더 자랑스러워합니다. 오늘날의 신자들은 신비가 아니라 과학적인 기준에 모든 것을 맞춥니다. 아브라함은 "나아갈새 갈 바를 알지 못하고 나아갔습니다." 그에 반해 오늘날 우리는 우리가 가야 할 길에 대해 모든 정보를 알고자 합니다. 그런 뒤에도 좀처럼 나아가려고 하지 않습니다. 혹시 순종하는 경우가 있다면, 그것은 자신의 우월한 판단력으로 볼 때 그 길이 더 유익하다는 판단이 섰기 때문입니다. 갈 바를 알지 못하고 나아가는 것, 모든 위험을 무릅쓰고 나아가는 모습은 전혀 찾아볼 수 없습니다.

형제자매여, 하나님의 음성을 분별해서 듣고 이해했다면 아무 질문도 하지 말고 즉시 순종하십시오. 당신이 홀로 서 있어야 하고 아무도 친구로 곁에 있어 주려고 하지 않는다면 홀로 서십시오. 하나님께서 당신의 친구가 되어주실 것입니다. 당신이 가장 소중히 여기고 높이 평가했던 이들에게 비난을 듣는다면 견디십시오. 비난이든 칭찬이든 주님의 길을 걸어가며 깨끗한 양심을 지키는 것과 비교한다면 조금도 중요하지 않습니다.

진리의 길은 삭도 날처럼 좁고 예리합니다. 그 길을 계속해서

가려는 자는 하나님께서 주시는 평강의 황금 신을 신어야만 합니다. 은혜를 통해 우리도 아브라함 같이 될 수 있습니다. 앞길을 볼 수 없는 곳에서도 우리의 손을 주님 손에 맡기고 주님과 함께 걸어갈 수 있습니다!

믿음이 낳은 순종은 지속적이어야 합니다. 구별된 삶을 시작한 아브라함은 장막 안에 계속해서 거했습니다. 또한 자신이 태어난 곳으로부터 멀리 떨어진 곳에서 살았습니다. 아브라함의 평생은 다음과 같이 요약할 수 있습니다. "아브라함은 믿음으로 순종했다." 아브라함은 믿었습니다. 덕분에 하나님 앞에서 온전한 길을 걸었습니다. 그는 심지어 자신의 아들 이삭까지 바쳤습니다. 그것은 '아브라함의 착각'에서 나온 행동이었을까요? 감히 그런 식으로 말하는 사람들을 보면 안타깝기 그지없습니다! 아브라함은 믿음으로 순종했을 뿐입니다. 삶이 끝날 때까지 아브라함은 결코 자신의 의지대로 길을 만들어가는 사람이 아니었습니다. 오히려 자신을 '친구'로 부를 것을 계획하신 위대하신 하나님에게 순종하는 종이었습니다.

이 땅의 모든 사람들이 아브라함처럼 믿음으로 순종했다는 말을 들을 수 있기를 바랍니다. 의심을 키우지 마십시오. 그러면 곧 불순종이 자라날 것입니다. "아브라함은 믿음으로 순종했다." 다만 이것을 삶의 기준으로, 지표로 삼으십시오.

순종 다이어리 08

_____년 _____월 _____일 · 내 영혼의 날씨

1. 순종을 미루는 것은 불순종입니다. 영적 의무를 자꾸 미루는 것도 지속적으로 죄를 짓는 것입니다. 지금 차일피일 미루고 있는 순종이 있습니까? 있다면 그 이유는 무엇입니까?

2. 다른 사람의 칭찬이나 비난에 흔들리지 않고 온전히 주님께 순종하는 마음으로 깨끗한 양심을 지키는 사람이 주변에 있습니까?

🪨 오늘 나의 감사와 간구

09
순종하는 삶은
주님이 책임져주신다

    인생이라는 바다에서 인간은 스스로 방향을 조정하며 나아갈 때 어딘가에 도사리고 있을 큰 위험을 감수해야 합니다. 배의 키잡이는 당장 눈에 보이지 않더라도 바다 곳곳에 잠복해 있는 위험을 항상 염두에 두고 있어야 합니다. 하지만 믿는 자는 더 이상 자신이 타고 있는 배의 키잡이가 아닙니다. 그의 배에는 조종사 되신 하나님께서 함께 타고 계십니다. 하나님을 믿고 그분의 명령을 따라 행할 때 인간은 자신의 약점과 어리석음, 잘못이라는 위험에서 벗어날 수 있습니다.

    하나님의 명령대로 행했는데도 일이 잘 풀리지 않는 것 같다면, 그것은 당신의 잘못이 아닙니다. 오히려 실패처럼 보이는 것

자체가 성공일 수 있습니다. 우리가 순종하는 일에 실패하지만 않는다면 말입니다. 이름 없이 평생을 살았다고 해도, 세상에서 조롱받고 패배자로 여겨진다 해도 하나님을 향해 믿음을 지키고 순종했음을 스스로 아는 한 우리는 평안할 수 있습니다.

섭리는 하나님의 몫이고 순종은 우리의 몫입니다. 우리가 살아가면서 할 일은 오직 주님과 함께하는 것입니다. 순종만이 우리의 유일한 관심사입니다. 내가 뿌린 씨에서 얼마나 많은 수확물을 거둘 수 있느냐는 수확의 주인이신 주님께 맡겨 드리십시오. 오직 우리는 우리 손에 한움큼 쥐고 있는 씨앗들을 고랑에 뿌리는 일을 해야 합니다.

잘 하였도다 착하고 충성된 종아(마 25:21).

성공하는 종이 되는 것은 우리의 능력에 달려 있지 않습니다. 하나님은 우리에게 성공 여부의 책임을 묻지 않으실 것입니다. 가장 큰 위험은 우리가 순종할 때 사라져버립니다. 하나님께서 믿음과 순종을 안전에 이르는 길로 만드시기 때문입니다.

또한 우리는 가장 무거운 걱정에서 벗어나는 삶을 누리게 될 것입니다. 아프리카 정글 한가운데서 세계적인 탐험가 스탠리와 함께 있다고 상상해보십시오. 당장 발등에 떨어진 가장 큰 일은 올바른 길을 찾는 것일 테지요. 그러자면 함께 있는 노련한 탐험가의 말을 따르는 것 말고 달리 무슨 일을 할 수 있을까요? 그럴 때 우리는 가장 정확하고도 신속하게 정글을 빠져나갈 길을 찾게 될 것입니다.

예수님은 말씀하십니다. "나를 따르라"(마 9:9). 그 말씀을 따를 때 우리는 분명하고도 쉬운 길로 갈 수 있습니다. 두 어깨에 짊어진 걱정 근심이라는 무거운 짐을 덜 수 있습니다. 그러나 그 말씀을 따르지 않고 나름의 요령과 꼼수를 부리려다가 가시밭길을 택하게 될 수 있습니다. 이리저리 헤매다 결국 갔던 길로 되돌아올 수 있습니다. 순종의 길을 찾는 것은 왕의 대로를 택하는 것과 같습니다. 오직 순종에 관심을 쏟을 때 수천 가지의 다른 관심과 걱정은 저 멀리 모두 날아가버립니다.

성공하기 위해 죄를 짓는다면 그것은 오히려 걱정과 슬픔의 씨앗을 뿌리는 것입니다. 그로 인해 거두는 것은 비통이라는 열매뿐입니다. 대로를 버리고 지름길을 찾으려고 한다면 진창과 늪을 지나야 할 수많은 시간이 기다릴 것입니다. 결국 머리부터 발끝까지 온통 흙탕물 범벅이 될 테지요. 스스로의 길을 찾느라 지치고 말 것입니다. 이 모두가 하나님을 신뢰하지 않고 그분의 명령에 순종하지 않았기 때문에 얻은 결과입니다.

순종이 어려워 보일 수 있습니다. 희생이 따를 수도 있습니다. 그러나 결국 순종이 가장 가깝고 좋은 길입니다. 순종의 길은 결국 기쁨의 길입니다. 순종의 길은 모두 평강으로 이어집니다. 성령님을 통해 언제나 믿음으로 순종하는 사람은 선한 길을 선택하는 자입니다. 그는 이렇게 노래할 수 있습니다.

나는 아무 근심이 없네. 오, 찬양 받으실 주님!
내 모든 근심은 당신의 것!
나는 승리 가운데 살아가네.
주님의 승리를 내 것으로 삼아주셨으니.

순종하는 자는 존 번연의 작품에 나오는 겸손 계곡의 목동과도 같습니다. 낮은 곳이야말로 순종의 드넓은 평원을 이루는 한 부분이기 때문입니다. 목동은 이렇게 노래합니다.

아래에 있는 자는 떨어질 것을 두려워할 필요가 없다네.
낮은 곳에 있는 자는 교만하지 않다네.
겸손한 자에게 하나님께서 친히
영원한 안내자가 되어주시기 때문이라네.

비록 야망의 높은 곳에 도달하지 못한다고 해도, 무엄함이라는 아찔하고 험한 바위산에 이르지 못한다고 해도 겸손히 순종하는 자는 그 무엇보다 크나큰 기쁨을 알게 될 것입니다. 그는 하늘 아래 가장 행복한 삶의 방식을 아는 자입니다. 하늘의 완전한 삶에 가까운 삶의 방식을 아는 자입니다. 겸손히 순종하는 자는 하나님의 집에 거하게 될 것입니다. 그곳에서 끊임없이 하나님을 찬양할 것입니다.

순종의 길은 가장 영예로운 길입니다. 순종은 인간의 삶이 누릴 수 있는 가장 큰 영광입니다. 우리 주님께서 택하신 자들에게 주시는 영광, 바로 그분 자신의 영광입니다.

> 그가… 순종함을 배워서(히 5:8).

주님은 결코 자신의 길을 찾으려 하지 않으셨습니다. 언제나 하나님 아버지를 기쁘시게 해드리는 일들을 행하셨습니다. 그것을 우리의 영광으로 삼읍시다. 믿음으로 우리의 지식을 가장 높은 지식 앞에 순복하여 올려 드립시다. 우리는 주님의 인도하심을 받고 방향을 안내 받습니다. 우리는 주님이 가신 곳을 따라갑니다. 믿는 우리에게 예수님은 곧 영예입니다. 최고 통치자의 명령을 이행하는 것이 군인에게 가장 큰 영예이듯 말입니다. 자신의 용기를 영예로운 명령 앞에 순복시킨다고 해서 그 용기가 훼손되는 게 절대 아닙니다. 오히려 위기의 순간에 순종한 것으로 인해 높이 칭송을 받습니다. 다음과 같이 말하는 것은 결코 창피한 일이 아닙니다.

그들이 할 일은 왜 그렇게 해야 하는지 묻는 것이 아니다.
다만 죽음을 무릅쓰고 용기 있게 뛰어드는 것뿐이다.

가장 용감하고 명예로운 사람들은 만왕의 왕의 명령에 절대적이고 무조건적으로 순종하는 자들입니다. 그들이야말로 자녀들 가운데서 아버지의 마음을 가장 잘 알고 가장 기쁘게 순종하는 최고의 사람들입니다. 우리가 하나님 앞에서 완벽하게 순종하고 절대적으로 그분을 신뢰하는 자녀가 되는 것 외에 다른 야망을 가질 필요가 있겠습니까?

형제자매여, 순종의 삶은 하나님과의 연합을 가져오는 삶입니다. 하나님은 자녀들이 자유 의지로 만들어내는 먹구름 뒤로 자주 그분의 얼굴을 숨기십니다. 우리가 하나님을 어기고 죄를 범하면 곧 어려움에 빠지게 될 것입니다. 그러나 거룩한 동행, 순종을 행하는 믿음의 삶은 별들 아래 있는 또 다른 하늘입니다. 하나님은 순종하는 자들과 동행하기 위해 내려오십니다. 그들이 하나님과 동행한다면 하나님께서 그들과 동행해주십니다. 하나님은 오직 종들이 순종할 때만 그들과 교제를 나누실 수 있습니다. 순종은 우리 안에 있는 천국입니다. 우리가 천국 안에 거하는 것을 미리 보여주는 것입니다. 순종하는 믿음은 영생으로 가는 길입니다. 아니, 그것은 눈에 보이는 영생입니다.

믿음의 순종은 본이 되는 삶의 방식을 만들어냅니다. 부모로서 우리는 자녀에게 본이 되는 삶을 살기를 소망합니다. 교사들은 학생들에게 본이 되는 모습이 되기를 열망해야 합니다. 학교에서 믿음의 순종을 보이십시오. 그러면 좋은 교사가 될 것입니다. 아이들은 보통 자신이 본으로 삼는 모습을 과장하는 경향이 있습니다. 그러나 아이들이 지나치게 믿음 안에서 살거나 주님께 순종하게 될까 봐 걱정할 필요는 전혀 없습니다.

저는 자녀를 둔 아버지가 세상을 떠났을 때 자녀가 아버지에 대해 다음과 같이 말하는 것을 듣고 싶습니다. "사랑하는 나의 아버지는 하나님을 경외하신 분이었습니다. 저는 그런 아버지의 모습을 따르고 싶습니다. 소년 시절에는 아버지가 다소 엄격하고 청교도적이라고 생각하기도 했습니다. 하지만 지금은 아버지가 그렇게 하신 충분하고도 합당한 이유가 있었다는 것을 알게 되었습니다. 저도 아버지와 같은 마음을 느끼기 때문입니다. 저는 하나님께서 기뻐하시지 않는 어떤 일도 하고 싶지 않습니다."

가정에서의 양육은 대단히 중요합니다. 그것이 오늘날 얼마나 경시되고 있는지요! 그러나 가정 양육이야말로 모든 거룩한 예배의 가장 유익한 결실이자 미래의 소망입니다. 위대한 사람들은 거룩한 가정에서 자란 이들입니다. 가정에서 하나님을 경외하는 삶의 본을 보여주는 것은 신앙의 매개체 가운데서 가장 풍성하고도 효과적인 열매를 맺습니다.

저는 어느 작고 소박한 비국교도 교회를 알고 있습니다. 그 교회는 가장 엄격한 교파에 속해 있습니다. 그곳의 사역을 보면 투박하기 이를 데 없습니다. 그러나 그곳의 성도들은 견고한 신자들이었습니다. 대여섯 가정이 사람들에게 제대로 인정받지 못하는 사역에 동참하고 있었는데 모두가 믿음을 따라 사는 법을 배웠습니다. 그들이 배운 것은 결코 자유로운 신조가 아니었습니다. 그들의 믿음을 그대로 삶에 적용하는 가르침이었습니다.

그 가정들은 차츰 물질적으로 부유해졌으며 베푸는 데도 관대했습니다. 그럼에도 그들은 여전히 성경을 알고 은혜의 교리를 믿었습니다. 하나님을 경외하고 신뢰했으며 옛 믿음을 지켰습니다. 그들의 삼대 후손들을 보면 선조들의 사고방식을 고스란히 지켜내고 있다고는 말할 수 없습니다. 그러나 그들은 자손들에게 하나님의 복을 빌어주는 조상들의 양육을 받고 자랐습니다. 그들은 영적인 양식을 공급 받으며 자랐고 세상과 맞서 자신들에게 주어진 믿음의 길을 싸우며 나갈 능력을 갖춘 건장한 젊은이들로 성장했습니다.

저는 오늘날 모든 위험 속에서도 진리를 지킬 수 있는 사람들이 더 많아지게 해달라고 하나님에게 기도합니다. 아! 믿음의 견고한 기준 없이 흔들리는 사람들이 우리 믿는 사람들 안에 얼마나 많은지 모릅니다! 그들은 정치와 새로운 철학 속으로 뛰어듭니다. 그 결과 우리의 간증이 힘을 잃어버리고 있습니다. 우리가 수적으로도 줄어들고 있다는 점이 저는 두렵습니다. 주님, 우리 가운데 모든 면에서 본이 되는 삶을 사는 이들을 다시 회복시켜주옵소서! 사람들이 우리를 '엄격하고' '지나치게 정확하다'고 비웃어도 상관없습니다! 우리는 질투하시는 하나님, 거룩하신 구주를 섬길 뿐입니다. 그러므로 성령님을 근심시키지 않도록, 성령님이 우리에게서 멀어지지 않도록 늘 깨어 있어야 합니다.

마지막으로, 믿음으로 순종하며 살기 위해서는 큰 은혜가 필요합니다. 입으로만 신앙고백을 한 사람들을 보면 믿음으로 순종하는 삶과는 거리가 있어 보입니다. 우리가 모든 일에서 순종하는 믿음을 지키기 위해선 늘 깨어 기도하고 하나님과 친밀한 관계를 유지해야 합니다.

사랑하는 이여, 혹 삶의 어떤 영역에서 실패하더라도 결코 그 자리에 주저앉아 하나님의 선하심과 성령님의 능력을 의심하지 마십시오. 그것은 순종의 물길을 좁히는 일이 될 뿐입니다. 그럴수록 오히려 더 굳게 믿으십시오. 하나님의 은혜로 죄 사함과 성령님의 회복시키는 역사와 영원한 언약을, 시작도 끝도 없이 영원한 사랑을 더 굳게 믿으십시오. 의심의 어둠 속으로 빠져들 경우 소망을 찾을 수 없습니다. 오직 회개와 꾸준한 믿음이라는 밝은 빛 속으로 돌아갈 때 우리는 소망을 만나게 될 것입니다.

당신이 그 길을 선택해 갈 수 있도록 성령님께서 도와주시기를 기도합니다. 우리 모두가, 주님의 구속을 받은 모든 사람이 믿음으로 주님을 향한 변함없는 순종의 삶을 살 수 있기를 기도합니다. 이 말씀을 끝으로 글을 맺고자 합니다. 기억하십시오.

> 믿음으로 아브라함은 부르심을 받았을 때에 순종하여.

하나님을 믿으십시오. 그리고 순종하고, 순종하고 또 순종하십시오. 하나님께서 당신을 본향으로 부르실 때까지 멈추지 말고 순종하십시오. 이 땅 위에서 순종하십시오. 그러면 하늘에서도 순종하는 법을 배운 자들이 될 것입니다.

순종은 영원한 복을 연습하는 것입니다. 그러니 순종을 통해 영광 속에서 영원히 부를 노래를 연습하십시오. 하나님께서 은혜를 허락해주실 것입니다! 아멘.

_____년 ___월___일 · 내 영혼의 날씨

1. 순종은 어려워 보일 수 있고, 희생이 따를 수도 있습니다. 그러나 결국 순종이 가장 가깝고 좋은 길입니다. 하나님의 명령대로 행했는데도 일이 잘 풀리지 않은 적이 있습니까?

2. 그리스도인으로서 당신의 삶은 어떤 면에서 다른 사람들에게 본이 되고 있습니까? 혹은 본이 되지 못하고 있습니까?

오늘 나의 감사와 간구

10
말씀에 의지하여 –
모든 선한 신자들의 표어

시몬이 대답하여 이르되 선생님 우리들이 밤이 새도록 수고하였으되 잡은 것이 없지마는 말씀에 의지하여 내가 그물을 내리리이다 하고(눅 5:5).

단순한 순종, 그 안에 얼마나 놀라운 숭고함과 탁월함이 들어 있는지 모릅니다. 예수님께서 말씀하시자 시몬 베드로는 가서 그물을 잡았고 바다에 내렸습니다. 그리고 세상에서 가장 자연스러운 태도로 말했습니다. "말씀에 의지하여 내가 그물을 내리리이다." 지금 베드로는 지성을 지닌 존재들을 다스리는 가장 장엄한 원칙 가운데 하나, 즉 우주를 움직이는 가장 강력한 힘에 호소하

고 있습니다. '말씀에 의지하여.'

위대하신 하나님! 스랍들이 날고 그룹들이 절하는 것도 바로 그분의 '말씀에 의지하여' 행하는 것입니다! 탁월한 능력을 지닌 천사들이 하나님의 말씀을 귀 기울여 듣고 그 명령을 행하는 것입니다. '말씀에 의지하여' 공간과 시간이 먼저 존재하고, 그 다음에 다른 모든 것이 존재합니다. '말씀에 의지하여.' 여기에 모든 원인의 원인이 있습니다. 하나님의 창조가 시작되었습니다.

> 여호와의 말씀으로 하늘이 지음이 되었으며(시 33:6).

그 말씀으로 둥근 지구가 지금의 모습으로 존재하고 있습니다. 땅이 혼돈하고 공허하며 흑암이 깊음 위에 있을 때 하나님의 음성이 울려 퍼졌습니다. "빛이 있으라"(창 1:3). 그러자 그 '말씀에 의지하여' 빛이 생겨났습니다. 그 '말씀에 의지하여' 낮과 밤이 존재하게 되었고 궁창의 물이 나뉘었습니다. 천하의 물이 한곳으로 모였고 뭍이 드러났습니다. 온 땅이 녹색으로 뒤덮였고 식물들의 생명이 시작되었습니다. 해와 달과 별들이 나타나 '징조와 계절과 날과 해를' 이루었습니다. 생명이 있는 피조물들이 바다와 하늘과 땅을 가득 채웠습니다. 마지막으로 인간이 이 세상에 나타났습니다.

그 모든 것을 우리는 확신합니다. 세상이 하나님의 말씀으로 창조되었다는 것을 믿음으로 알고 있기 때문입니다. 주님의 말씀을 따라 행할 때 우리는 자신이 우주의 모든 힘과 조화를 이루고 있음을 느낍니다. 하나님의 말씀에 깃든 최고의 권위는 비단 창조에서만 나타나지는 않습니다. 섭리 속에서도 하나님 말씀의 장엄한 능력이 분명하게 드러납니다. 하나님께서 능력의 말씀으로 만물을 붙들고 계시기 때문입니다. 눈과 빗방울, 폭풍이 모두 하나님의 말씀을 성취하고 있습니다.

사실과 역사 역시 최고의 권위를 지닌 하나님의 말씀에 통제를 받습니다. 여호와 하나님은 만물의 중심에 계십니다. 모든 세대, 모든 사건이 그분의 말씀에 의지해 그분의 주권적인 뜻 앞에 절하며 나아갑니다. 하나님의 '말씀에 의지하여' 왕국들이 일어나고 제국들이 번성합니다. 민족이 강력한 힘을 가지고 다른 민족들을 정복합니다. 왕조가 소멸하고 나라가 무너지며 강성한 도시들이 황무지가 되고 군대가 아침의 흰 서리처럼 사라져버립니다.

인간이 죄를 범하고 악한 영들이 분노를 발해도 태초부터 모든 것에는 숭고한 의미가 들어 있습니다. 아담이 에덴동산의 경계선을 넘어간 후로 지금까지 모든 것이 만군의 여호와의 목적과 뜻에 따라 일어났습니다. 오 주님, 예언은 '말씀에 의지하여' 하나님의 계시를 선포하고, 역사는 '말씀에 의지하여' 그 장을 써내려 가고 있습니다.

갈릴리 어부가 그물을 바다에 내린 것을 모든 시대, 모든 상황에 완벽히 적용할 수 있다니 얼마나 놀라운지요! 베드로의 그물은 온 천체와 우주를 통제하는 법에 순종합니다. 그의 손은 알파성과 오리온성이 아무 생각 없이 하는 일을 의식적으로 행하고 있습니다. 베드로가 순종할 때 갈릴리 호수에서 생겨난 작은 종소리가 영원한 선율과 조화를 이루며 울려 퍼집니다. 베드로는 즉시 순종하며 주님의 "말씀에 의지하여"라고 말합니다. 그 말 속에서 바다와 별, 바람과 세상의 표어가 반복되어 울려 퍼집니다.

'말씀에 의지하여'는 태초부터 지금까지 모든 선한 사람의 표어가 되어 왔습니다. 성도들은 이 두 단어를 따라 행해 왔고 길을 나아갈 순서를 세웠습니다.

백발의 노아가 땅 위에서 방주를 만들고 있습니다. 음란하고 상스러운 군중은 백발의 족장 주위에 모여들어 한껏 비웃지만 노아는 조금도 부끄러워하지 않습니다. 다만 하늘을 향해 고개를 들고 이렇게 말할 뿐입니다. "오, 여호와 하나님, 저는 당신의 말씀에 의지해 이 커다란 배를 짓고 있습니다."

아브라함은 자신이 나고 자란 고향과 일가친척을 떠나 알지 못하는 땅을 향해 사라와 함께 길을 갑니다. 유프라테스 강을 건너고 가나안 족속이 차지하고 있는 땅으로 들어갑니다. 그곳에서 그는 나그네이자 체류자로 평생을 배회합니다. 아브라함은 이삭, 야곱과 함께 장막 안에 거합니다. 정착하여 안정된 삶을 거부한 아브라함을 사람들이 비웃고 조롱할 때마다 그는 잠잠히 하늘을 향해 얼굴을 들고 미소 짓습니다. 그리고 말합니다. "주님, 주님의 '말씀에 의지하여' 이렇게 하고 있습니다."

믿음으로 순종한 사람들의 이야기를 들어보면, 그들은 하나같이 '하나님의 말씀에 의지해' 그 일을 했다고 말할 것입니다. 그것만이 그들의 행위를 의롭게 하기 때문입니다. 모세는 오만한 바로 앞에서 위대하신 하나님의 '말씀에 의지하여' 지팡이를 들었습니다. 모세가 여호와의 말씀에 의지해 지팡이를 든 것은 결코 헛된 일이 아니었습니다. 그것을 통해 함 자손들에게 크고 심각한 역병이 임했습니다. 애굽인들은 이제 하나님의 말씀은 그것이 위협이든 약속이든 결코 헛되이 끝나지 않고 반드시 목적을 이룬다는 사실을 알게 되었습니다.

모세가 애굽에서 수많은 백성들의 무리를 이끌고 나오는 것을 보십시오! 그런데 그들이 가는 길 앞에는 홍해가 막아서고 있습니다. 앞에서는 높은 파도가 성난 얼굴로 포효하고 뒤에서는 애굽 군대의 전차들이 요란한 소리를 내며 진격해오고 있습니다. 어떻게 모세가 어리석게도 이스라엘 백성들을 그런 곳으로 인도할 수 있단 말입니까! 애굽에 무덤이 없어 홍해까지 그들을 끌고와 죽게 한단 말입니까! 그 모든 원망 앞에서 모세는 자신이 여호와의 말씀에 의지해 그 일을 했다고 담대하게 말합니다. 그리고 하나님은 모세의 그 말을 의롭게 하십니다. 홍해가 하나님께서 택하신 백성들을 위해 입을 열고 큰 길을 내주었습니다. 이스라엘 백성들은 기뻐하며 홍해 가운데로 난 길로 건너갔습니다. 마침내 육지로 올라온 그들은 영광 속에서 승리하신 하나님에게 소고를 잡고 춤을 추며 찬양을 올려 드립니다.

여호수아도 여리고 성을 에워쌌을 때 성벽을 파괴할 대형 무기로 성을 공격하지 않고 오직 나팔을 크게 불었습니다. 그는 하나님의 말씀에 따라 그렇게 했다고 말합니다. 삼손과 입다, 바락 등도 마찬가지입니다. 그들은 모두 하나님의 말씀에 의지해 그 일을 했고, 그때마다 하나님께서 그들과 함께하셨습니다.

주님의 말씀에 의지해 작은 배의 한쪽에서 그물을 던진 베드로의 이야기로 돌아와 봅시다. 앞에서 크고 숭고한 예들을 들다가 한 어부의 그물 이야기를 하자니 혹시 작고 우습게 여겨지십니까? 결코 그렇지 않습니다. 오히려 우리가 믿음의 순종을 통해 삶을 숭고하게 만들지 못할 때 우리 자신이 우스운 자로 전락하고 맙니다. 방주를 짓는 것, 홍해 앞에서 지팡이를 드는 것, 숫양의 뿔 나팔을 부는 것만큼이나 그물을 던지는 일에도 깊은 숭고함이 깃들어 있습니다.

믿음으로 행한다면 아무리 단순한 일상의 행동일지라도 숭고하고 위대합니다. 하나님 앞에서는 베드로의 그물을 덮은 파도의 반짝임도 다시 힘차게 흘러 애굽의 전차들을 삼켜버린 홍해의 영광스런 파도만큼이나 숭고합니다. 물 한 방울 속에서도 세상을 보시는 하나님은 믿음의 가장 작은 행위에도 감탄하십니다. 숭고함과 탁월함이 크고 위대한 것들에만 있다고 생각하지 마십시오. 1킬로미터는 중요하지만 1센티미터는 중요하지 않다고 말하지 마십시오. 도덕과 영성을 저울과 자로 측량할 수 없습니다.

그리스도의 말씀에 의지해 물고기를 잡은 베드로의 일상적인 행위가 모든 세대가 자신들의 유일한 법칙으로 알고 있는 모든 원칙과 능력, 힘으로 이어지고 있습니다. "그가 말씀하시매 이루어졌으며 명령하시매 견고히 섰도다"(시 33:9). 우리 역시 숭고함과 친밀한 관계를 맺게 될 것입니다. 우리가 하나님의 말씀에 온전히 순종하는 법을 알기만 한다면 말입니다.

'말씀에 의지하여.' 이것은 모든 그리스도인이 평생 지킬 원칙이 되어야 합니다. 교회와 세상 안에서 우리를 인도하고 이끌어가야 합니다. 영적 믿음과 세속적인 행동들 속에서 우리의 길을 안내해야 합니다. 우리는 오직 성경만 믿는다고 자랑스럽게 말합니다. 그런데 우리 가운데 그 말을 정직하게 할 수 있는 사람은 과연 몇이나 될까요? 혹 허울 좋은 자랑에 불과한 것은 아닙니까? 우리는 성경 말고도 경의를 표하는 다른 책들을 가지고 있습니다. 하나님의 말씀을 넘어서고 말씀보다 위에 있으며 심지어 말씀에 반하는 다른 규칙들, 다른 지침들을 가지고 있습니다. 그러나 결코 그렇게 되어서는 안 됩니다. 우리는 단순하지만 숭고하고 탁월한 원칙 '말씀에 의지하여'로 돌아가기 전까지는 하나님을 기쁘시게 할 수 있는 교회와 개인의 능력을 결코 온전히 알 수 없습니다.

앞으로 '말씀에 의지하여'라는 원칙을 우리가 어디에 어떻게 적용할 수 있는지 구체적으로 살펴보겠습니다. 먼저, 이 원칙을 일상의 문제들에 적용할 수 있습니다. 그 다음, 영적 유익에 관한 문제에 적용할 수 있습니다. 마지막으로, (가장 자세하고 폭넓게 설명할 부분인데) 우리의 위대한 소명, 즉 사람을 낚는 어부의 일에 적용할 수 있습니다.

순종 다이어리 10

_____년 ___월___일 · 내 영혼의 날씨

1. 당신이 가장 의지하고 있고 당신의 삶을 붙들어주고 있는 성경 말씀은 무엇입니까?

2. 믿음으로 행한다면 아무리 단순한 일상의 행동일지라도 숭고하고 위대합니다. 오늘 당신이 말씀에 의지하여 믿음으로 행할 수 있는 작은 일 하나를 생각해보십시오.

🪨 오늘 나의 감사와 간구

11
일상과 영적 문제에서
말씀에 의지하기

우리들이 밤이 새도록 수고하였으되 잡은 것이 없지마는 말씀에 의지하여 내가 그물을 내리리이다 하고(눅 5:5).

말씀에 의지하여 그물을 내리는 일은 먼저, 일상의 모든 문제에 적용해볼 수 있습니다. 일터에서 정직함을 지키는 문제는 어떻습니까? 오늘날 많은 사람이 위기에 처하면 하던 일을 팽개치고 도망가려는 마음을 갖는 것 같습니다. 밤새 수고하며 일했지만 아무것도 얻지 못했기 때문입니다. 열심히 일했지만 돈에 쪼들리는 어두운 밤이 오랫동안 계속되었기 때문입니다. 새벽 동이 아직도 트지 않았습니다. 그러나 그리스도인은 자신의 일을 불평하거나 버리고 떠나서는 안 됩니다. 시련 속에 계십니까? 계속해서 당신의 일터에서 부지런히 땀 흘리십시오. 계속해서 모든 사람이 인정하는 정직한 노력을 기울이십시오. 소망 가운데서 계속 수고하십시오. 그리고 본문에 나오듯 베드로처럼 말하십시오. "수고하였으되 잡은 것이 없지마는 말씀에 의지하여 내가 그물을 내리리이다."

"여호와께서 집을 세우지 아니하시면 세우는 자의 수고가 헛되며"(시 127:1). 이 말씀이 진리임을 아실 것입니다. 그렇다면 이것 또한 아십시오. 하나님은 당신의 백성들을 결코 버리지 않으십니다. 우리가 최선을 다해 노력한다고 해서 번영을 누리게 되는 것은 아니지만 그런 노력을 결코 게을리하지 마십시오. 우리에게 주시는 하나님의 말씀은 생각의 허리띠를 단단히 매고 강하고 견고하게 서라는 것입니다.

방패를 던져버리지 마십시오. 확신과 담대함을 버리지 마십시오. 대신 전쟁의 물결이 가까이 다가올 때까지 대열 가운데 견고히 서십시오. 하나님은 우리를 있어야 할 곳에 두셨습니다. 하나님의 섭리가 우리를 다른 곳으로 부르기 전까지 결코 떠나지 마십시오. 구름이 몰려온다 해도 지레 겁먹고 도망치지 마십시오. 문은 내일 아침에 닫으십시오. 최선을 다해 물건들을 진열해 놓으십시오. 낙담했다고 해서 성급하게 굴거나 옳지 않은 일로 내몰리지 마십시오. 대신 이렇게 말하십시오. "수고하였으되 잡은 것이 없지마는 말씀에 의지하여 내가 그물을 내리리이다."

지금 자신과 가족의 생계를 위해 직장을 찾고 있는 사람이 있다면 깊이 생각해보기 바랍니다. 가장이 가족의 생계를 책임지기 위해 최선을 다하지 않는다면 그는 복음의 축복을 받은 자가 아닙니다. 그런 사람은 이교도나 세리보다 못한 자라는 말을 들어 마땅합니다. 우리가 마땅히 돌봐야 할 이들뿐만 아니라 도움이 필요한 사람들을 돕기 위해 우리 손으로 땀 흘려 선한 일을 하는 것이야말로 우리 모두가 해야 할 의무입니다.

두 발에 물집이 생기고 그 물집이 터질 정도로 온 도시를 돌아다녔는데도 여전히 일자리를 찾지 못했습니까? 그렇다고 해도 집에 들어앉아 우울하게 이렇게 말하지 마십시오. "내가 두 번 다시 노력하나 봐라." 오늘의 본문을 그 고통스런 시련에 적용해보십시오. 그리고 다시 소망 속에서 베드로처럼 말하면서 기운차게 거리로 나가십시오. "우리들이 밤이 새도록 수고하였으되 잡은 것이 없지마는 말씀에 의지하여 내가 그물을 내리리이다."

그리스도인은 결코 절망 속으로 내몰리지 않는다는 것을 보여주십시오. 아니, 멍에가 더 무거워질 때 하나님의 자녀들이 그 짐을 질 수 있도록 등과 허리에 힘을 주시는 은밀한 방법이 하나님께 있음을 사람들에게 보여주십시오. 성령님이 우리로 하여금 잠잠히 결단하게 하신다면, 말하기 좋아하는 이들의 수려한 말이나 형식주의자의 외적인 행동보다 우리가 기쁘게 인내하는 모습을 통해 하나님께서 더 크게 영광 받으실 것입니다.

일상이야말로 우리가 갖고 있는 믿음이 얼마나 진실한지 입증하고 하나님께 영광을 올려 드릴 수 있는 최적의 자리입니다. 특별한 일을 통해서가 아니라 일상에서 보여주는 믿음을 통해 그리스도인은 세상에 알려지고 그의 믿음이 존귀하게 됩니다. 하나님의 말씀을 의지하고 끝까지 그 말씀을 붙잡으십시오.

> 여호와를 의뢰하고 선을 행하라 땅에 머무는 동안 그의 성실을 먹을 거리로 삼을지어다(시 37:3).

혹시 종사하고 있는 분야에서 기술과 능력을 얻으려고 부단히 노력해왔지만 성공을 거두지 못했습니까? 아니면 하고 있는 일에서 더 나은 것을 성취하기 위해 더 많은 지식을 얻으려고 노력했지만 지금껏 원하는 만큼 성공하거나 번영을 누리지 못했습니까? 그렇다고 여기서 포기하지 마십시오. 그리스도인들은 결코 나태한 자들이 되어서는 안 됩니다.

주 예수님은 제자들이 첫 번째 시도에서 성공하지 못하면 다시는 시도조차 하지 않는 겁쟁이 같은 사람들이라고 말씀하신 적이 없습니다. 우리는 영적인 은혜뿐만 아니라 모든 도덕적 가치에서 본이 되어야 합니다. 그러므로 주님의 명령에 의지해 생각과 손으로 계속 열심히 일하십시오. 그리고 그 일에 복을 내려주실 주님을 바라보십시오. '말씀에 의지하여' 다시 한 번 그물을 던지십시오. 하나님은 당신이 시련을 통해 복 받을 준비가 될 때까지 복 주시는 일을 미루고 기다리실 때가 많습니다.

오늘의 말씀은 또한 자녀를 훈육하느라 수고하는 부모들에게 직접 적용할 수 있습니다. '자식 농사'를 망쳤다고 느끼십니까? 아들의 마음이 여전히 거칠고 교만하며, 딸이 여전히 순종하기를 거부합니까? 혹은 주일학교나 일반 학교에서 지식을 전달하고 학생들의 마음을 올바르게 키우려고 노력했지만 잘 안 되어 당혹스럽고 좌절감을 느끼십니까? 그러나 가르치는 것이 당신에게 주어진 일이라면 결코 낙담하지 마십시오. "무슨 일을 하든지 마음을 다하여 주께 하듯 하고 사람에게 하듯 하지 말라"(골 3:23)는 말씀을 마음에 새기고 흔들림 없이 계속해서 그 일을 해나가십시오. 그리고 간절하고 진지하게 말씀에 의지해 그물을 다시 내리십시오.

당신이 지금 하고 있는 일이 선한 일이라면 온 힘을 다해 그 일을 하십시오. 그러나 그 일이 선한 일이 아니라면 즉시 그만두십시오. 우리는 이웃을 자신처럼 사랑해야 합니다. 그래서 하나님은 모든 사람에게 선한 일을 베풀 수 있는 기회를 우리에게 주십니다. 지금까지 열심히 노력했지만 다른 사람들이 당신의 말을 듣지 않았다고 해도 결코 포기하지 마십시오. 당신이 그리스도인이고 선한 일을 하고 있다면 두려워하거나 부끄러워할 필요가 없고 그런 소리를 들을 이유도 없습니다.

저는 도공 팔리시를 존경합니다. 그가 핍박 속에서도 결코 믿음을 포기하지 않은 사람이었을 뿐만 아니라 도자기를 만드는 일에도 인내와 수고를 아끼지 않았기 때문입니다. 그는 자신의 마지막 동전과 마지막 호흡마저도 도자기를 굽기에 가장 적합한 불꽃을 발견하고 도자기의 가장 아름다운 색깔을 찾아내는 데 바쳤을 것입니다. 저는 그런 그리스도인들을 볼 때마다 얼마나 기쁜지 모릅니다.

삶의 전쟁터에서 싸우지 못하는 겁쟁이들이 주님을 따르는 모습은 보고 싶지 않습니다. 그런 자들이 어떻게 보다 높은 차원에서 영적인 사악함과 맞서 싸우는 당당한 기사가 될 수 있겠습니까? 우리는 삶의 들판에서 살아가는 용감한 자들 가운데서도 가장 용감한 자들이 되어야 합니다. 더 위대한 행위를 해야 하는 더 높은 들판으로 부르심을 받을 때 더 높은 섬김을 행할 수 있도록 훈련 받은 자가 되어야 합니다.

제가 세속의 일들을 강조하니 어색하고 낯설게 느껴집니까? 하지만 구약이 선한 사람들의 양과 소떼, 들판과 수확에 대해 이야기하고 있는 바를 잘 보십시오. 그것들은 모두 그들의 신앙과 연관이 있습니다. 잠언에 나오는 현숙한 여인이 어떻게 가정을 돌보는지 눈여겨보십시오. 성경에는 잠언과 전도서가 있습니다. 두 책 모두 영적인 가르침은 적지만 우리가 세상을 살아가는 데 있어 필요한 건전하며 실제적인 상식들을 풍성하게 담고 있습니다.

우리의 믿음은 예배당 의자에서뿐만 아니라 상점에서, 거리에서, 삶의 모든 영역에서 나타나야 합니다. 하나님께서 그것을 원하신다고 저는 확신합니다. '말씀에 의지하여.' 이 위대한 원칙은 일하는 사람의 입술에서 나온 고백입니다.

또한 오늘날 악한 세상에서 하나님의 이름으로 섬기는 모든 이들에게 말씀드립니다. 당신에게 할 일이 있다면 절망과 실의에 빠져 그 일을 그만두는 일만큼은 결단코 하지 마십시오. 대신 하나님의 말씀에 의지해 다시 한 번 정직한 노력을 기울이며 앞으로 나아가십시오. 그리고 베드로처럼 이렇게 말하십시오. "말씀에 의지하여 내가 그물을 내리리이다." 이 말씀이 오랜 시련과 어려움으로 인해 지쳐버린 사람들에게 얼마나 적절하고 필요한 말씀인지 분명히 입증될 것입니다. 이 말씀이 그런 이들의 팔에 힘을 더해주고 마음을 북돋워주길 간절히 소망합니다.

> 견실하며 흔들리지 말고 항상 주의 일에 더욱 힘쓰는 자들이 되라(고전 15:58).

영적 유익을 가져오는 일에 있어서도 우리는 하나님의 말씀에 의지해 다시 그물을 내릴 줄 알아야 합니다.

우리는 주일 아침마다 예배당 의자에 앉아 '은혜 받는 시간이 되게 하옵소서'라고 기도하며 설교 들을 준비를 합니다. 강단에

선 저 역시 말씀을 듣는 이들이 모두 구원 얻기를 소망하며 온 마음을 다해 설교를 합니다. 사실 저는 그들을 이해시킬 능력이 전혀 없습니다. 그들을 설득할 수도 없습니다. 그러나 구원의 길은 지금 이 순간에도 우리 모두에게 열려 있습니다.

> 주 예수를 믿으라 그리하면 너와 네 집이 구원을 받으리라(행 16:31).

우리는 더 이상 가만히 앉아서 구원 받기를 기다릴 필요가 없습니다. 우리가 기다리는 모든 시간은 죄로 가득할 뿐입니다. 못의 물이 동하기를 기다리고 있습니까? 그렇다면 분명히 말씀드립니다. 이제 더 이상 동할 못도, 그 못을 요동케 할 천사도 없습니다. 그 못은 이미 오래전에 말라버렸습니다. 천사들은 이제 더 이상 그런 식으로 일하지 않습니다. 주 예수 그리스도가 오셨을 때 그분은 베데스다 못의 문을 닫으셨습니다. 그리고 그곳에 누워 있던 한 남자에게 말씀하셨습니다. "일어나 네 자리를 들고 걸어가라"(요 5:8). 그것이 그리스도가 우리에게 주시는 말씀입니다.

우리는 더 이상 기다릴 필요가 없습니다. 대신 지금 있는 모습 그대로 그리스도의 말씀 앞에 나아가면 됩니다. 모든 사람에게 복음을 전하라는 명령을 주신 분이 바로 그리스도입니다. "믿고 살라." 다시 한 번 그물을 내리십시오. 그리고 이렇게 말하십시오. "내가 믿나이다 나의 믿음 없는 것을 도와주소서"(막 9:24). 이제 예수님에게 당신을 받아달라고 기도하십시오. 당신 자신을 예수님에게 복종시키십시오. 지금 이 순간 나의 구주가 되어 달라고 기도하십시오. 분명히 응답 받을 것입니다. 수많은 물고기가 믿음의 그물에 걸리기를 기다리고 있습니다. 하나님의 말씀에 의지해 그물을 내리십시오.

당신은 혹시 끈질긴 기도라는 그물을 내리고 있지만 연거푸 허탕만 치고 있는 사람입니까? 친척의 회심을 위해 계속 기도해왔습니까? 하나님의 뜻을 따라 구한다고 믿는 어떤 선한 일을 위해 간청에 간청을 더하고 있습니까? 밤새 간청한 뒤 깊은 슬픔과 좌절을 느끼며 시험에 빠져 앞으로는 아무 간구도 하지 않겠다는 생각을 하고 계십니까? 그렇다면 "항상 기도하고 낙심하지 말[라]"(눅 18:1)는 그리스도의 말씀에 의지해 다시 그물을 내리십시오. "쉬지 말고 기도하라"(살전 5:17)는 그리스도의 말씀에 의지해 그물을 내리십시오. 그리고 다시 기도하십시오. 당신을 둘러싸고 있는 상황이 더 나아졌기 때문이 아닙니다. 오직 예수님께서 그렇게 하라고 명령하셨기 때문입니다. 계속해서 기도하십시오. 이번에 성공을 거둘지 누가 알겠습니까!

혹시 당신은 자신의 상황에 딱 맞는 약속의 말씀을 찾고 있지는 않습니까? 성경에서 격려와 힘이 될 좋은 말씀을 붙잡고 싶습니까? 그런 물고기 떼는 이미 당신의 배 주위에 몰려 있습니다. 성경의 바다는 그런 약속의 물고기들로 가득합니다. 그러나 안타깝게도 여태껏 당신은 그 물고기 가운데 단 한 마리도 잡지 못했습니다. 그렇다고 해도 다시 시도하십시오. 오늘 오후에 집에 가서 기도하면서 다시 한 번 성경을 찾아보십시오. 당신의 마음에 소중한 약속의 말씀을 달라고 성령님에게 간구하십시오. 믿음으로 그 달콤함을 누릴 수 있도록 말입니다. 바로 오늘 그토록 갈망해오던 말씀을 얻게 되는지 누가 알겠습니까! 당신의 생각이 온전히 담을 수도 없을 만큼 커다란 복을 오늘 받게 될지, 그래서 당신의 그물이 은혜의 충만함 속으로 뚫고 들어갈지 누가 알겠습니까!

혹시 당신은 거룩한 성취를 추구하며 오랫동안 땀 흘려 오지는 않았습니까? 자신을 끊임없이 공격하는 죄를 정복하고 싶은 마음이 간절하겠지요. 더 견고한 믿음을 따라 행하고 더 뜨거운 열정으로 섬기며 하나님께서 쓰시기에 더 편한 사람이 되고자 하겠지요. 아직 갈망하는 것을 얻지 못했지만 말입니다. 그러나 "모든 선한 일에 너희를 온전하게 하사 자기 뜻을 행하게"(히 13:21) 하는 것이 하나님의 뜻입니다. 그러므로 결코 당신의 목적을 포기하지 마십시오. 대신 하나님의 말씀에 의지해 다시 그물을 내리십시오.

절대 절망하지 마십시오. 당신의 성품과 기질을 다스릴 수 있게 될 것입니다. 불신이 거룩한 믿음 앞에 길을 내주게 될 것입니다. 주님의 말씀에 의지해 그물을 내리십시오. 그러면 모든 은혜가 그 그물 안에 들어오게 될 것입니다. 남은 생애 동안 그 모든 은혜가 당신의 것이 될 것입니다. 오직 그리스도의 말씀에 의지해 최고의 것들을 추구하며 계속해서 수고하십시오. 그러면 그리스도가 당신에게 최고의 것들을 주실 것입니다.

혹시 바로 지금 그리스도의 더 가까운 임재와 그분과의 더 친밀한 교제를 구하고 있습니까? 그리스도의 얼굴을, 아침을 밝히시는 그분의 얼굴을 열망하고 있습니까? 그리스도의 잔칫집에서 그분의 사랑에 흠뻑 젖기를 소망합니까? 그러나 지금까지 헛되이 부르짖은 것처럼 아무런 응답도 받지 못했습니까? 그렇다면 '그분의 말씀에 의지하여' 다시 한 번 부르짖으십시오. 그리스도가 친히 당신에게 그분 앞으로 나오라고 명령하시기 때문입니다. 그분의 사랑 어린 음성이 당신을 더 가까이 오라고 초대하고 있습니다. 그리스도의 말씀에 의지해 다시 한 번 나가십시오. 다시 한 번 그물을 내리십시오. 지금까지 경험한 모든 것을 초월하는, 말할 수 없는 기쁨이 당신을 기다리고 있습니다.

순종 다이어리 11

_____년 _____월_____일 · 내 영혼의 날씨

1. 일상이야말로 우리의 믿음이 얼마나 진실한지 입증하고 하나님께 영광을 올려 드릴 수 있는 최적의 자리입니다. 일상생활에서 당신이 말씀에 의지하여 다시 그물을 내려야 할 일은 무엇입니까?

2. 예배나 말씀, 기도, 교제 등 영적인 영역에 있어 당신이 말씀에 의지하여 다시 그물을 내려야 할 일은 무엇입니까?

오늘 나의 감사와 간구

Saturday

12
우리의 위대한 사명에서 말씀에 의지하기

말씀에 의지하여 내가 그물을 내리리이다 하고(눅 5:5).

'말씀에 의지하여' 라는 위대한 원칙은 우리의 사명에도 적용되어야 합니다. 그렇다면 모든 그리스도인이 감당해야 할 사명은 무엇입니까? 바로 영혼을 얻는 일입니다. 다른 사람들이 그리스도를 믿도록 인도함으로써 하나님을 영광스럽게 하는 것이 바로 우리가 이 땅 위에 남아 있는 위대한 목적입니다. 그렇지 않다면 우리는 벌써 하늘로 올라가 천상의 화음 속에서 함께 노래하고 있을 것입니다. 이 세상에서 길을 잃고 방황하는 많은 양을 위대한 목자에게 인도하기 위해 우리는 이 세상에 남아 있습니다.

그리스도에게 사람들을 인도하는 방법, 그리스도가 말씀하신 비유를 사용한다면 사람들을 낚는 우리의 방식은 바로 복음의 그물을 내리는 것입니다. 주님은 우리에게 사람을 낚는 다른 거룩한 방법을 가르쳐주지 않으셨습니다. 열정은 크지만 지식은 거의 없는 사람들을 보면 사람을 낚는 독창적인 방식을 만들어내지만, 저는 오직 그리스도 예수 안에 있는 하나님의 사랑을 사람들에게 이야기하는 것만이 복음의 그물을 내리는 가장 중요한 방법인 줄 믿습니다.

예수님은 우리에게 다른 복음을 주지 않으셨습니다. 또한 다른 새로운 방법에 권위를 부여하지도 않으셨습니다. 주님은 주님을 믿는 모든 자에게 그분의 피를 통해 값없이 주시는 죄 사함을 선포하도록 우리를 부르셨습니다. 믿는 자라면 누구나 이웃의 회심을 구해야 할 사명을 가지고 있습니다. 형제가 불에 타고 있다면 누구든지 그를 구하려고 하지 않겠습니까? 영원한 죽음으로 달려가는 이웃을 구하려고 애쓰는 자에게 예수님께서 미소 지어주지 않으시겠습니까! 예수님은 "듣는 자도 오라"(계 22:17)고 말씀하셨습니다. 복음을 들은 자는 누구나 다른 사람들을 그리스도에게 오도록 초대해야 합니다. 주님의 말씀이야말로 복음 전하는 사역을 우리가 계속 해야 한다는 보증입니다. 우리가 잠잠히 있거나 주님이 주신 것이 아닌 다른 복음을 전하려 한다면 그분의 명령을 거역하는 것입니다.

주님의 말씀이 바로 순종하는 자를 의롭게 하는 보증입니다. "왕의 말은 권능이 있나니"(전 8:4). 우리에게 그보다 더 높은 권위가 필요합니까? 사람들은 말합니다. "하지만 목사님 정도 되시면 단순한 은혜의 기본 교리보다는 수준 높은 메시지를 전하셔야죠. 시대의 변화와 성장에 맞춰 사람들이 필요로 하는 것들을 주셔야 합니다." 예수님은 우리에게 세상으로 나가 모든 사람에게 복음을 전하라고 명령하시지만 우리는 그 명령에 순종하려 하지 않습니다. 우리가 주님의 명령에 순종하기만 한다면 그 결과의 책임은 더 이상 우리에게 있지 않습니다. 주님의 명령에 순종했다면 결과가 어떻든 간에 우리의 양심은 주님 앞에서 깨끗합니다. 종이 할 일은 주인이 전달하라는 소식을 정당한 것으로 만드는 것이 아니라 그 소식을 전달하는 것이니까요. 그러니 복음 전하는 일이 얼마나 가뿐하고 기쁜 일인지 모릅니다.

복음을 전하는 것은 '하나님의 말씀에 의지하여' 행하는 일입니다. 그리스도가 우리에게 말씀하시는 것을 그대로 행하는 것입니다. 호흡이 남아 있는 한 그것을 계속해서 행하는 것입니다. 십자가에 달리신 그리스도를 선포하고 사람들에게 믿고 살라고 끊임없이 명하는 우리의 행위가 의로운 이유는, 그것이 바로 주님의 명령이기 때문입니다. 그것이 바로 베드로에게 물 위를 걸으라고 명령하시고, 모세에게 바위를 쳐서 물을 내라고 명령하신 것과 같은 주님의 명령이기 때문입니다.

마지막 날에 누구도 구주에게 이렇게 말할 수 없습니다. "주님은 저희 종들에게 불가능한 임무를 맡기셨습니다. 게다가 목적을 이루기에 적합하지 않은 도구를 주셨습니다." 오히려 모든 것이 끝났을 때 우리는 택함 받은 자들의 구원을 위해 십자가에 달리신 구주보다 더 좋은 것이 없었음을 알게 될 것입니다. 또한 십자가에 달리신 구주를 알리는 데 성령의 능력 안에서 정직한 입술로 그분의 말씀을 단순 명료하게 선포하는 것보다 더 좋은 수단이 없었음을 알게 될 것입니다. 미련하게 보이는 설교가 실은 하나님의 지혜를 입증하는 가장 위대한 증거임이 입증될 것입니다.

형제자매여, 학교에서 가르치는 이여, 혹은 단상에서 설교하는 이여, 전도지를 나눠주거나 개인적으로 사람들에게 복음을 전하는 이여, 결과를 두려워할 필요가 없습니다. 지혜가 모든 비난에서 자신이 무죄임을 입증할 것이고 자신의 방식이 옳다는 것을 증명할 것이기 때문입니다.

복음을 전한다는 이유로 사람들이 당신을 어리석은 자라고 비웃을 수도 있습니다. 그러나 그런 비난은 칼에 슨 녹처럼 당신이 주님의 전쟁에서 무기를 사용할 때 닳아서 소멸될 것입니다. 복음의 설교가 곧 모든 시끄러운 소리를 잠재울 것입니다. 모든 소란은 복음을 전하지 않기 때문에 일어납니다. 복음이 양날 선 검처럼 좌우를 내리치고 있을 때, 어느 누구도 그 복음을 맥빠지고 나약하다고 말하지 않습니다. 단상에서 실패할 때 쏟아지는 비난에 대해 우리가 해야 할 대답은 바로 하늘에서 보내심을 받은 성령님과 함께 강단으로 올라가 복음을 전하는 것입니다.

그물을 내리라고 우리에게 보증으로 주시는 그리스도의 말씀은 사실 명령이라고 할 수 있습니다. 따라서 그 말씀에 순종하지 않으면 죄책감을 느끼게 될 것입니다. 베드로가 "이미 밤이 새도록 수고했지만 잡은 것이 없습니다. 그러니 주님이 말씀하신다고 해서 이제 또 다시 그물을 내리지는 않겠습니다"라고 말했다고 합시다. 그랬다면 베드로는 하나님의 아들이신 주님에게 불순종하고 신성모독의 죄를 지었을 것입니다. 하나님에게 부르심을 받고 그리스도의 제자라고 고백하면서도 그물을 내리려 하지 않는 그리스도인들에게 제가 무슨 말을 할 수 있겠습니까? 그런 모습이야말로 진리를 위해 아무 일도 하지 않는 것입니다. 복음의 씨앗을 뿌리지 않는 것입니다. 세상의 빛이라고 자처하면서도 빛을 발하지 않는 것입니다. 씨앗 뿌리는 자가 자신에게 씨앗통이 있다는 사실조차 잊어버린 형국입니다.

당신은 혹시 바로 그런 점에서 삶을 낭비하고 있는 사람은 아닙니까? 사람을 낚는 어부가 되는 것이 삶의 목표라고 고백하면서도 그물 한 번 던져본 적도 없고, 다른 사람들이 해안가로 그물을 끌고 나오는 것을 도와준 적조차 없는 것이 당신의 모습은 아닙니까? 우리 가운데 혹 거짓된 모습으로 예배당에 와서 앉아 있는 사람은 없습니까? 열매를 맺기 위해 한 번도 노력해보지 않은 자가 아무런 열매도 없는 고백으로 하나님을 조롱하고 있지는 않습니까? 물론 제게도 당신을 정죄할 힘은 없습니다. 다만 저는 당신의 양심이 그 직분을 완수할 수 있게 해달라고 하나님께 기도드릴 것입니다. 인류가 영원한 비참함에서 구원 받은 기쁜 소식을 사람들에게 알릴 책임을 주님이 맡기셨지만 죄악 되게도 잠잠한 사람에게 제가 무슨 말을 할 수 있겠습니까?

위대한 의사가 당신에게 병든 사람들을 치유할 약을 맡기셨습니다. 당신 주변에서는 사람들이 죽어가고 있습니다. 그런데도 당신은 그 치유 약에 대해 입도 뻥긋하지 않습니다! 위대한 왕이 당신에게 굶주린 자들을 먹일 수 있는 양식을 주셨습니다. 그러나 사람들의 무리가 거리에서 굶어 죽어가고 있는 데도 당신은 창고 문을 잠가 놓고 있습니다. 그런 자가 하나님의 사람이라면 피눈물 날 정도로 중대한 범죄가 아닙니까?

우리 주님은 복음을 교회의 손에 맡겨주셨습니다. 그런데 경건한 자들이 어떻게 그 복음을 전하는 일에 무관심할 수 있겠습니까? 우리가 이 복음을 우리끼리만 소유하고 나누지 않는다면 진정 다가올 시대는 후손에게 잔혹하게 대한 것에 대해 우리를 정죄할 것입니다. 다가올 세대가 오늘의 시대를 가리키며 이렇게 말할 것입니다. "빛을 갖고 있었지만 그 빛을 어두운 등 안에 가두어놓은 이들은 과연 누구란 말인가?" "그들은 자신의 임무에 실패했지만 엄숙한 시간이 되어 하나님 나라로 들어갔다. 그러나 그들은 자신의 부르심을 전혀 깨닫지 못했기에 존재의 목적을 이루지 못한 자들이었다."

우리에게는 하나님의 진리를 전하기 위해 일할 수 있는 보증이 있습니다. 아니, 보증보다 더한 것이 있습니다. 우리에게는 보좌로부터 내려온 법령이 있습니다. 단호하고 절대적인 명령이 있습니다. 따라서 복음을 전하지 않는다면 분명히 우리에게 화가 있을 것입니다.

형제자매여, 우리도 베드로와 똑같은 마음을 갖고 있다면 그리스도가 주신 이 보증은 오늘 우리에게도 주님의 전능하심을 입증하는 보증이 될 것입니다. 그 말씀은 매우 강력한 능력으로 베드로와 함께했습니다. 잘 보십시오. 베드로는 깊은 실의에 빠져 있었습니다. 그럼에도 불구하고 그는 그물을 내렸습니다. "우리들이 밤이 새도록 수고하였으되." 어떤 이들은 말합니다. "우리는 복음을 모두 전했습니다. 부흥을 일으키고 사람들의 마음을 일깨우기 위해 할 수 있는 일은 다 했습니다. 하지만 아무런 결실도 맺지 못했습니다."

저는 이런 이야기를 너무나 많이 듣습니다. 하지만 무엇이 사실입니까? 우리는 말합니다. "얼마 전에도 엄청난 부흥이 있지 않았습니까!" 아니요, 저는 그에 대해 전혀 아는 바가 없습니다. 단지 여기저기서 잠시 번쩍이는 빛이 있었을 뿐입니다. 마음껏 활용하기에는 아주 미미한 빛이었습니다. 그나마 그런 불꽃을 피우기 위해 우리가 한 일이 얼마나 미미한지 생각해보면 이만큼이나마 복음이 전파되었다는 사실이 놀라울 뿐입니다.

이 땅에서 동전 한 닢으로 큰돈을 벌었다고 가정해보십시오. 당신은 그런 상황에서 이렇게 말할 수 없습니다. "겨우 이거야? 난 백만장자가 되고 싶다고." 갈망이 그렇게 크다면 그에 합당한 행동으로 당신의 갈망이 진실하다는 것을 증명해 보이십시오. 대가를 더 치르십시오. 우리가 뿌린 씨앗들이 형편없었음을 생각해보면 수확을 거둔다는 것 자체가 놀라운 일입니다. 더 많은 수확을 거두고 싶다면 씨앗을 더 많이 뿌리십시오. 그동안 교회가 기울인 작은 수고에 비한다면 우리는 실로 어마어마한 보상을 받았습니다.

오순절 이후 교회가 보편적이고 전체적인 부흥을 경험한 적이 거의 없는 것이 사실입니다. 그리스도인들 가운데 가끔 부분적인 움직임과 운동은 있었습니다. 그러나 대중적인 부흥이 전역을 휩쓸며 진지함과 간절함으로 불타올랐던 적은 없었습니다. 아, 하나님이시여, 교회 전체에 불을 내려주옵소서! 사실 우리가 실망할 이유는 없습니다. 그동안 우리가 기울인 작은 노력에 비한다면 하나님께서 엄청난 복을 부어주셨기 때문입니다. 그러니 우리의 그물을 다시 내립시다. 그리고 더 이상 우리가 지난 밤에 얼마나 수고했는지에 대해서는 말하지 맙시다.

예수님의 명령은 편안함과 안일함에 빠져 있던 베드로를 온통 사로잡았습니다. "우리들이 밤이 새도록 수고하였으되"라고 말했을 때 베드로는 매우 지쳐 있었을 것입니다. 물고기를 낚는 것은 어려운 일입니다. 특히 물고기가 전혀 잡히지 않을 때는 더욱 힘겨울 것입니다. 지치도록 수고해도 돌아오는 것이 하나도 없을 때 더는 시도하고 싶지 않은 것이 인지상정입니다.

몇몇 그리스도인이 제게 이렇게 말했습니다. "목사님, 제가 주일학교에서 얼마나 오랫동안 섬겼는지 잘 알고 계시잖아요. 전 있는 힘을 다해 넘치도록 일했어요." 분명히 그들이 오랫동안 젊은 열정으로 쏟은 노력은 엄청났을 겁니다. 하지만 지금 우리는 그들이 얼마나 열심히 수고했는지 그려볼 수 없습니다. 그들의 노력을 알 수 있을 만한 결과가 별로 남아 있지 않기 때문입니다. 그럴 때 쉽고 편하게 살고 싶은 마음이 그들을 유혹합니다. 그들은 그런 삶을 선택할 수 있는 권한이 자신에게 있다고 생각합니다. 그 정도쯤 했으면 주님에게 더 이상 빚진 게 없다고 생각하기 때문입니다. 적어도 더 이상의 값을 치르고 싶은 마음이 그들에게 남아 있지 않기 때문입니다.

그런데 과연 그런 겁니까? 우리가 주님으로부터 자비 얻기를 멈추지 않으면서 어떻게 섬기는 일을 멈출 수 있겠습니까? 자비는 계속해서 얻으면서 섬김은 멈춘다면 부끄럽지 않겠습니까? 이제 좀 쉽고 편안하게 살자고요? 네, 우리는 곧, 아주 곧 편안하게 안식하게 될 것입니다. 무덤 속에서 충분히 안식하게 될 것입니다. 그런데 바로 지금 사람들의 영혼이 죽어가는 상황에서 섬김을 멈춘다면 그것이야말로 극악한 죄입니다. 지난 밤새 수고하며 흘린 땀이 지금 채 식지 않았다고 하더라도 우리는 그 일을 다시 해야 합니다. 베드로는 그렇게 했습니다. 그는 밤새 일했지만 아무것도 잡지 못했습니다. 그러나 물고기를 잡고자 한다면 낮에도 다시 그 일을 해야 합니다.

더욱이 그리스도의 명령이 베드로를 강력히 사로잡았기 때문에 그는 세속적인 핑계를 대며 뒷걸음질 칠 수 없었습니다. 이성과 논리는 이렇게 말할 것입니다. "밤새 물고기를 잡을 수 없었다면 낮에도 잡을 수 없는 게 뻔해." 게네사렛 호수에서 밤은 물고기를 잡기에 가장 좋은 시간입니다. 낮에는 눈부신 햇살 아래에 그물이 훤히 보여서 물고기들이 좀처럼 걸려들지 않습니다. 그러나 그리스도가 명령하시면 가장 합당하지 않을 것 같은 시간이 가장 합당한 시간이 되고, 가장 가망 없을 것 같은 곳이 가장 소망이 넘치는 곳이 됩니다. 그리스도가 명령하신 어떤 행동도 때에 어긋나거나 맞지 않는 법이 없습니다.

그리스도가 "가라"고 말씀하시면 머뭇거리거나 미루지 말고 즉시 가십시오. "넉 달이 지나야 추수할 때가 이르겠다"(요 4:35)라고 말하지 마십시오. "너희 눈을 들어 밭을 보라 희어져 추수하게 되었도다"(요 4:35). 베드로는 명령을 받은 즉시 그물을 내렸습니다. 지혜롭게도 그리스도의 말씀에 의지하여 행동했습니다.

이 말씀을 통해 주님이 주시는 교훈은 바로 이것입니다. 베드로가 했던 것처럼 행합시다. 각자 자신의 그물을 내립시다.

형제여, 당신의 마음과 입, 손으로 할 수 있는 일이 없을까요? 자매여, 당신의 온유한 심령으로 무언가를 할 수 있지 않을까요? "친구 대여섯 명과 함께 모임을 만들어 주변의 가난한 사람들을 도울 생각입니다." 네, 좋은 생각입니다. 하지만 생각만 해서는 아무런 결과도 나오지 않습니다. 생각만으로는 가난한 사람들에게 스프 한 그릇, 빵 한 덩어리도 돌아가지 않습니다. 바로 지금 즉시 그 일을 시작해야 합니다. 베드로는 말씀을 듣고 즉시 깊은 곳으로 배를 저어나갔고 그물을 내렸습니다. 기회는 두 번 다시 오지 않을 수 있습니다. 열정이 증발해버릴 수도 있고 인생이 끝날 수도 있습니다.

그런데 여기서 한 가지 짚고 갈 문제가 있습니다. 베드로는 하나의 그물만 내렸습니다. 사실 이것이 안타까운 점입니다. 요한과 야고보, 다른 모든 제자들도 함께 그들의 그물을 내렸다면 결과는 훨씬 더 좋았을 것입니다. 그물을 하나밖에 던지지 않아 그만 그물이 차고 넘쳐 찢어지고 말았기 때문입니다. 배에 있는 그물을 모두 내렸다면 더 많은 물고기를 잡았을 것이고 그물도 찢어지지 않았을 것입니다.

얼마 전에 런던 근교의 브라이튼 지역에서 고등어 잡는 이야기를 읽은 적이 있습니다. 그물이 가득 차면 그 안의 고등어들 무게 때문에 어부들이 그물을 들어올릴 수 없다고 합니다. 배마저 가라앉을 위험에 놓인다고 합니다. 그럴 때면 어부들은 그물을 잘라내 고등어를 일부 놓아줍니다. 그물과 배가 많이 있었다면 어부들은 고등어를 몽땅 끌어올릴 수 있었을 것입니다.

게네사렛 호수의 제자들도 마찬가지입니다. 사실 베드로는 그물이 찢어지는 바람에 많은 물고기를 놓쳤습니다. 교회가 열정적으로 깨어 있어 각자가 성령의 능력으로 일할 뿐만 아니라 모든 개개인이 연합해서 일한다면 얼마나 많은 영혼을 예수님에게 데려올 수 있을까요? 그물이 찢어지는 바람에 복음으로 데려올 수많은 영혼을 잃어버리게 된다면 얼마나 안타까운 일이겠습니까? 그물이 찢어지는 것은 우리가 거룩한 예배 안에서 온전히 연합하지 못했기 때문입니다. 우리가 어리석어 주님의 뜻을 온전히 이루지 못했기 때문입니다. 모든 사람이 각자의 몫을 감당한다면 사역자 몇몇만 무리하게 일하다가 지치는 일도 없을 것입니다. 배들이 서로 복된 짐을 나눠 싣는다면 한 척의 배도 가라앉지 않을 것입니다.

마지막으로 이 말씀을 드리며 글을 마치고자 합니다. 지금 이 자리에서 제가 성령님의 도우심으로 조금이라도 성취한 것이 있다면, 오늘 본문에서 끌어낸 다음의 가르침, 즉 섬김을 위한 다음의 지침을 당신이 받아들일 준비가 되도록 도운 것이기를 소망합니다. '하나님을 섬기는 방법은 그분의 말씀에 의지해 그분의 명령을 행하는 것'입니다. 우리 가운데 어느 누구도 타성에 젖어 주님을 섬기는 일이 없기를 기도합니다. 주여, 주님을 제 힘으로 섬기는 위험에 빠지지 않게 하옵소서! 우리는 주님의 이름으로 설교하고 가르치며 수고해야 합니다. 주님이 우리에게 그렇게 하라고 명령하셨기 때문입니다.

우리는 주님의 말씀에 따라 행동해야 합니다. 이미 그렇게 하고 있다면 더 많은 믿음과 더 많은 열정, 성공에 대한 더 많은 기대감을 가지고 수고하십시오. 당신이 그물을 내릴 때 그리스도가 배 안에 계신 것을 본다면 얼마나 복된 일이겠습니까? 주님이 당신을 지켜보며 흐뭇한 미소를 짓고 계시는 모습을 잠시라도 보게 된다면 당신은 분명 온 마음을 다해 더 열정적으로 일하게 될 것입니다.

우리는 철저히 주님에게 의지하며 일해야 합니다. 내가 판단해 보니 그렇게 행하는 게 옳겠다 싶어 설교하고 가르쳐서는 안 됩니다. 베드로는 결코 그렇지 않았습니다. 그는 예수님께서 말씀을 주셨기 때문에, 그분의 말씀이 곧 법이기 때문에 순종했습니다.

이 정도면 성공할 수 있겠구나 하는 기대감이 조금이라도 들기 때문에 일해서는 안 됩니다. 우리가 수고하고 섬기는 사람들의 성품에 기대어 성공에 대한 기대감을 조금이라도 가질 수 있기 때문에 일해서도 안 됩니다. 오직 예수님께서 우리에게 말씀을 주셨기 때문에 일해야 합니다.

우리는 비난자들이 엉터리라고 비웃는 일을 묵묵히 하면서 그 자리에 서 있습니다. 그러나 누가 뭐라고 하든 온전한 확신을 가지고 그 일을 행하고 있습니다. 예수님께서 명하신 그 일이 지혜로운 일임이 틀림없음을 믿는 까닭입니다. 예수님께서 저에게 무덤에 가서 손수건을 흔들라고 명하신다면 저는 기꺼이 그렇게 할 것입니다. 무덤가에 가서 죽은 자에게 살아나라고 명령할 것입니다. 주님이 제게 그런 일을 맡기고 보내신다면 저는 공동묘지가 끝에서부터 끝까지 갈라지고 죽었던 자들이 모두 무덤에서 일어나는 모습을 보게 되리라고 기대할 것입니다. 그 사명을 기쁘게 받아들일 것입니다.

이 시대의 '지혜로운 자'라고 불리는 자들이 복음 선포를 터무니없는 것이라고 비난하면 할수록, 자신들에게 그 목적을 이룰 능력이 없음을 분명히 보여주면 줄수록 우리는 십자가에 달리신 예수님을 설교하는 옛 방식을 고수하며 끝까지 인내할 것입니다. 이성의 방식에 흔들리지 않기로 더 단단히 결심할 것입니다. 우리는 결코 복음 설교 사역 자체에서 복음을 전하는 우리의 근거를 끌어내지 않습니다. 그 일을 하라고 주님이 주신 명령에서 사역의 근거를 끌어낼 뿐입니다. 결과를 책임지는 것은 우리가 아닙니다. 우리는 그리스도에게 모든 책임을 맡기고 행할 것입니다.

오늘날 가장 지혜로운 자가 되어 주님의 말씀을 멸시하느니 차라리 어리석은 자가 되어 그리스도가 제게 말씀하시는 일을 행할 것입니다. 제 자신의 삶에서 목적을 찾고 제 어깨에 무거운 책임을 지느니 말씀을 따라 살라고 명령하시는 주님의 발밑에 제 삶의 책임을 내려놓을 것입니다. 기꺼이 그리스도의 명령 아래 엎드립시다. 고난이 몰려와도 기쁨으로 견딥시다. 바로 이 시간부터 기쁨으로 주님을 새롭게 섬기기 시작합시다. 아멘.

순종 다이어리 12

_____년 _____월_____일 · 내 영혼의 날씨

1. 사람들이 그리스도를 믿도록 인도함으로써 하나님을 영광스럽게 하는 것이 바로 우리가 이 땅 위에 남아 있는 위대한 목적입니다. 당신은 복음을 마지막으로 언제, 누구에게 전했습니까?

2. 당신 주변에 복음이 필요하다고 생각되는 사람이 있습니까? 그에게 어떻게 복음을 전할지 구체적으로 생각하고 실천에 옮겨보십시오.

🪨 오늘 나의 감사와 간구

3rd Week

순종과 구원

[13~15] 1832번째 설교 : 1884년 11월 9일
뉴잉턴, 메트로폴리탄 테버나클에서

[16~18] 2169번째 설교 : 1890년 10월 19일 주일 아침
뉴잉턴, 메트로폴리탄 테버나클에서

S	M	T	W	T	F	S
	셋째 주: 순종과 주일 13	14	15	16	17	18

설레는 마음으로
맞이하는
세 번째 주일

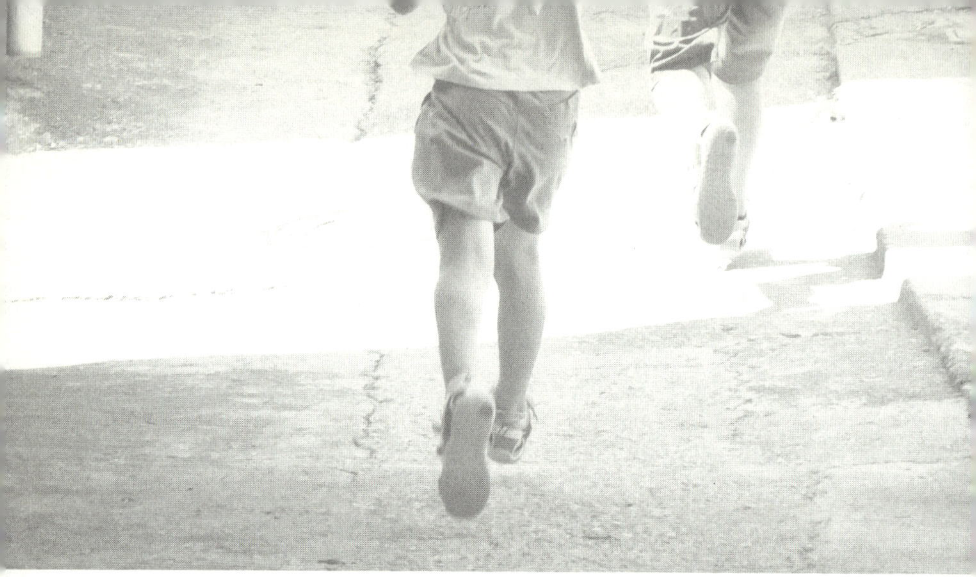

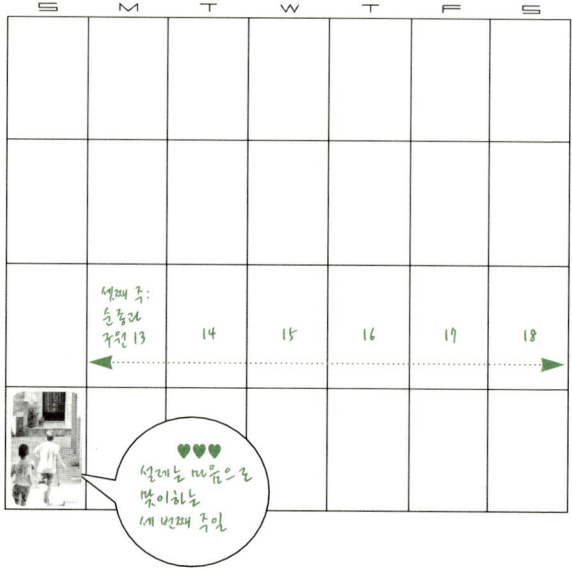

13
주님 앞에 나아가
탄원할 수 있는 근거

내가 주의 말씀대로 이 모든 일을 행하는 것을 오늘 알게 하옵소서(왕상 18:36).

엘리야가 한 일은 매우 특별했습니다. 3년 동안 비가 내리지 못하도록 사람이 그 문을 닫았다는 이야기는 세상이 창조된 이후로 한 번도 들어본 적이 없습니다. 그런데 엘리야가 느닷없이 나타난 주님의 심판을 선포하고는 한동안 모든 사람 앞에서 사라져버립니다. 하나님의 명령으로 다시 나타났을 때 엘리야는 아합 왕에게 바알의 선지자들을 모으라고 명령합니다. 그리고 참 하나님이 바알인지 여호와 하나님인지 겨루어 보자고 제안합니다. 송아지를 죽여 불붙지 않은 나무 위에 올려놓고 구했을 때 불로 응답하는 신을 살아 있는 참된 하나님으로 인정할 것을 제안합니다.

여기서 우리는 다음과 같이 질문할 수 있습니다. "선지자에게 구름을 멈추게 할 권리가 있는가? 하나님의 존귀함을 시험할 권리가 그에게 있는가? 하나님께서 선지자에게 불로 응답하기로 작정하지 않으셨다면 하나님의 영광을 자신이 제안한 조건으로 제한하고 위험에 빠지게 할 권리가 그에게 있단 말인가?"

그 질문들에 대한 대답은 바로 이것입니다. "엘리야는 하나님의 말씀에 따라 이 모든 일을 행했을 뿐이다." 가뭄으로 한 나라를 징계하는 것은 엘리야가 생각해낸 일이 아니었습니다. 기적같이 불이 내려와 번제물을 태움으로써 여호와 하나님의 신성과 바알의 신성을 시험하는 것도 그의 머리에서 나온 계획이 아니었습니다. 절대 그렇지 않았습니다! 엘리야의 삶을 통틀어 보면, 그의 발걸음이 어디로 가든 모두 하나님의 인도하심을 따른 것임을 알 수 있습니다.

하나님의 말씀이 디셉 사람 엘리야에게 임했습니다. 엘리야는 결코 스스로 행동하지 않았습니다. 그의 뒤에는 늘 하나님이 계셨습니다. 엘리야는 하나님의 뜻에 따라 움직이고 하나님의 가르치심에 따라 말했습니다. 그래서 엘리야는 지존자에게 이렇게 탄원할 수 있었습니다. "내가 주의 말씀대로 이 모든 일을 행하는 것을 오늘 알게 하옵소서." 여기서 엘리야의 특징이 잘 나타납니다. 엘리야는 부분별하고 무모하게 행동하는 사람이 아니라 온전한 마음과 생각을 가진 자의 표본이었습니다.

하나님에 대한 믿음만이 참된 지혜입니다. 하나님의 말씀을 어린아이같이 확신하는 것이야말로 가장 수준 높은 상식입니다. 절대 거짓을 말할 수 없는 분을 믿고 실패할 수 없는 분을 신뢰하는 것은 어리석은 자에게는 우습게 보일지 모르지만 사실은 참된 지혜입니다. 지혜로운 자라면 "확실하게 의로운 것을 의지하는 것이 언제나 최선이고 결코 거짓이 될 수 없는 것을 믿는 것이 최선이다"라는 말에 동의할 수밖에 없습니다.

엘리야는 그런 믿음을 가지고 있었고 그 믿음대로 행동했습니다. 그래서 당연히 자신이 행한 일이 의로운 결과를 맺게 되리라고 기대할 수 있었습니다. 대사는 자신이 권위를 위임받아 행동한 일들을 왕이 거부할 것이라고 결코 생각지 않습니다. 어떤 사람이 당신의 대리인으로서 행동하고 당신의 명령을 이행한다면, 그가 한 행동에 대한 책임은 전적으로 당신에게 있습니다. 따라서 당신이 그를 지지하고 도와주어야 합니다. 심부름을 보낸 종이 그 일을 온전히 신실하게 이행했는데 당신이 그 종을 보냈다는 사실을 부인한다면 그것이야말로 잔혹한 일입니다.

그러나 하나님은 결코 그렇게 하지 않으십니다. 우리가 단지 명령받은 대로 행하는 만큼의 신뢰만 보여드린다고 해도 그분은 결코 우리가 실패하지 않도록 도와주십니다. 땅과 지옥이 우리의 길을 막고 방해한다고 해도 하나님은 끝까지 우리를 지키고 보호하실 것입니다. 오늘이나 내일 그 보상을 받지 못할 수도 있습니다. 그러나 주님이 살아 계시는 한 그분을 신뢰하는 자는 믿음에 대한 보상을 기쁘게 받는 날이 반드시 옵니다.

엘리야의 간구는 순종하는 성도들에게 기도할 수 있는 견고한 근거가 됩니다. 또한 하나님의 말씀을 따라 행동했다고 말할 수 없는 자들에게는 자신을 점검할 수 있는 엄숙하고 진지한 시금석이 될 것입니다.

우리는 하나님의 사역자입니다. 그리스도의 나라에서 일하는 일꾼입니다. 우리는 많은 눈물과 기도로 나아가 복음을 전합니다. 그리고 그리스도가 정하신 모든 수단을 계속해서 사용합니다. 당신은 스스로에게 이렇게 물은 적이 있습니까? "내가 이 모든 것에 대해 열매를 기대할 수 있을까?" 물론 기대할 수 있습니다. 우리는 사소하고 하찮은 심부름을 하라고 보내심을 받은 자들이 아닙니다. 우리는 결코 싹이 트지 않는 죽은 씨앗을 뿌리라는 명령을 받은 자들이 아닙니다.

그러나 걱정 근심이 마음을 무겁게 짓누르고 있다면 다음을 당신이 주장할 수 있는 근거로 내세우며 그분의 자비 앞에 나아가십시오. "주님, 주님의 말씀대로 이 모든 일을 행했습니다. 이제 그것을 세상이 알게 하옵소서. 저는 당신의 말씀을 전했습니다. 당신은 '내 입에서 나가는 말도 이와 같이 헛되이 내게로 되돌아오지 아니하고' 라고 말씀하셨습니다. 저는 사람들을 위해 기도했습니다. 당신은 또한 '의인의 간구는 역사하는 힘이 크다' 고 말씀하셨습니다. 제가 한 모든 일이 당신의 말씀대로 행한 것임을 나타내옵소서."

당신이 교사라면 이렇게 말할 수 있습니다. "저는 아이들을 위해 주님께 간구해왔습니다. 주님의 말씀을 연구하고 최선을 다해 아이들에게 구원의 길을 가르쳤습니다. 주님, 이제 저의 가르침이 의로운 결과를 맺게 되기를 주님의 진리에 의지하여 주장합니다. 아이들의 영혼이 하나님의 아들, 예수 그리스도를 통해 구원 받는 것을 보게 해주실 것을 기대합니다. 그런 제 기대가 의로운 결과로 나타나기를 주님의 진리에 의지하여 주장합니다."

주님이 시키신 일이라면 당신은 이렇게 주장할 선한 근거가 있습니다. 그 일을 할 때 하나님께서 당신을 지지하고 돕겠다는 약속에 스스로를 구속시키셨기 때문입니다. 거룩한 열심과 부지런함으로 하나님의 말씀을 따라 모든 일을 행한다면 확신을 가지고 은혜의 보좌 앞에 나아갈 수 있습니다. 그리고 하나님께 이렇게 말할 수 있습니다. "당신의 말씀대로 행하소서. '울며 씨를 뿌리러 나가는 자는 반드시 기쁨으로 그 곡식 단을 가지고 돌아오리로다' (시 126:6)라고 말씀하지 않으셨습니까? 주님, 제가 그 일을 했습니다. 제게 곡식 단을 주옵소서. 주님은 말씀하셨습니다. '너는 네

떡을 물 위에 던져라 여러 날 후에 도로 찾으리라' (전 11:1). 주님, 제가 그 일을 했습니다. 그러니 탄원합니다. 저에게 하신 당신의 약속을 이루어주옵소서."

우리는 엘리야가 모든 백성 앞에서 했던 것처럼 똑같이 담대하게 탄원할 수 있습니다.

내가 주의 말씀대로 이 모든 일을 행하는 것을 오늘 알게 하옵소서.

또한 이 가르침은 전체 교회에도 적용할 수 있습니다. 저는 많은 교회들이 성장하지 못하고 있다는 사실이 두렵습니다. 회중은 점점 줄고 있고 교회는 점차 사라지고 있습니다. 기도 모임에 참석하는 사람들의 수는 점점 줄어들고 영적인 삶의 수준은 점점 낮아지고 있습니다. 그럼에도 하나님께 "제가 주의 말씀대로 이 모든 일을 행했습니다"라고 말할 수 있는 교회가 남아 있다면 그 기도의 응답으로 곧 부흥이 일어나리라고 믿습니다.

일부 교회들이 성장하지 못하는 이유는 그들이 하나님의 말씀대로 행하지 않았기 때문입니다. 그런 교회들은 하나님께서 말씀하시는 것이 무엇인지 알려고조차 하지 않습니다. 다른 것이 그 교회의 기준이 되었기 때문입니다. 하나님의 감동으로 된 말씀이 아니라 사람이 그들의 인도자가 되었고 입법자가 되었습니다.

어떤 교회들은 죄인들의 회심을 위해 거의 아무 일도 하지 않습니다. 그러나 어느 누구든지, 어느 교회든지 하나님 앞에 나아가 이렇게 말할 수 있습니다. "주님, 저희가 복음을 전했습니다. 저희가 복을 부어달라고 간절히 기도했습니다. 저희는 주님이 보내신 사역자를 중심으로 모였습니다. 또한 그 사역자를 기도와 믿음으로 주님 앞에 올려 드렸습니다. 저희 각 사람은 그리스도인으로서 주님이 주신 각자의 섬김을 찾으려고 노력했습니다. 저희 모두가 영혼들을 주님께 인도하기 위해 수고했습니다. 저희는 주님의 은혜로운 도우심으로 경건하게 살아왔습니다. 그러니 이제 당신의 뜻을 이루시고 부흥케 하옵소서."

그리스도의 통치를 따라 살고 그리스도의 가르침에 순종하며 성령으로 충만한 교회에 진정한 번성을 부어달라는 탄원이 합당하지 않습니까? 지금 어려운 상황 가운데 있는 교회의 모든 지체들이여, 모든 것을 하나님의 말씀대로 행했는지 주의해서 살펴보십시오. 그렇게 했다면 거룩한 담대함을 가지고 소망하며 기다리십시오. 반드시 하늘에서 불이 임할 것입니다. 복은 결코 보류되거나 막을 수 없기 때문입니다.

이 가르침은 또한 옳은 일을 했지만 어려움 가운데 처한 모든 그리스도인에게도 적용할 수 있습니다. 우리는 자주 다음과 같은 상황에 처합니다. "큰돈을 벌 수 있는 기회야. 하지만 해서는 안 되는 일이기도 해. 그런 길을 갈 수는 없어. 양심이 허락하지 않

아. 잘못된 방법으로 이익을 얻느니 차라리 고난을 택하겠어."

당신은 하나님에게 순종했기 때문에 오히려 커다란 어려움에 빠질 수도 있습니다. 그렇다면 당신은 누구보다도 이런 상황을 지존자 앞에 올려 드릴 수 있습니다. "주님, 저는 이 모든 일을 당신의 말씀대로 행했습니다. 당신은 말씀하셨습니다. '내가 결코 너희를 버리지 아니하고 너희를 떠나지 아니하리라' (히 13:5). 간구하오니 저의 삶에 개입하여 당신의 일을 행하옵소서."

어떤 식으로든 하나님은 당신에게 공급해주실 것입니다. 계속해서 더 많은 시련 가운데 두신다면 그 시련을 감당할 힘 또한 주실 것입니다. 무엇보다도 확실한 것은 하나님께서 지금까지 당신을 시험하셨다는 것입니다. 당신을 불 속에서 연단하신 하나님은 당신을 정금같이 되어 나오게 하실 것입니다.

선을 행하고 두려워하지 말라.
당신이 그 땅에 거하게 되고
하나님께서 당신의 양식을 준비해놓으시리.

이 가르침은 간구하는 죄인에게도 적용할 수 있습니다. 우리는 구원 받기를 갈망합니다. 말씀에 귀 기울입니다. 그리고 우리의 마음이 말합니다. "이 구원이 무엇인지 저로 알게 하옵소서. 어떻게 구원에 이를 수 있는지 알게 하옵소서. 구원으로 가는 길을 막고 있는 것이 무엇이든지 저는 기필코 구원을 얻어야 합니다." 그런데 우리는 이미 예수님께서 말씀하시는 것을 들었습니다.

좁은 문으로 들어가기를 힘쓰라(눅 13:24).

그분의 명령도 들었습니다.

썩을 양식을 위하여 일하지 말고 영생하도록 있는 양식을 위하여 하라(요 6:27).

우리는 좁은 문으로 들어가기를 갈망합니다. 그리고 영생하도록 있는 양식을 먹기 원합니다. 그 은혜를 얻을 수만 있다면 우리는 온 세상이라도 기꺼이 내줄 것입니다. 잘 들으십시오. 우리는 우리가 행한 것을 공로로 삼아 천국을 얻을 수 없습니다. 우리가 공로로 내세울 것은 하나도 없습니다. 우리는 죄를 지은 죄인이고 이미 심판을 받은 자이기 때문입니다.

그러나 하나님께서 우리를 만나주고 복을 주기 위해 한 길을 약속으로 제시해주셨습니다. 당신은 그 길을 따라갔습니까? 그 길을 따라갔다면 하나님은 분명히 당신을 만나고 복 주실 것입니다. 말씀에 "믿고 세례를 받는 사람은 구원을 얻을 것이요"(막 16:16)라고 되어 있기 때문입니다.

이렇듯 우리는 하나님 앞에 나아가 탄원할 수 있는 견고한 근거를 갖고 있습니다. 또한 말씀에 이렇게 기록되어 있습니다. "죄를 자복하고 버리는 자는 불쌍히 여김을 받으리라"(잠 28:13). 자복하고 죄를 떠날 때 우리는 하나님의 약속을 주장할 수 있습니다. 그리고 하나님께 이렇게 말할 수 있습니다. "주님, 저에게 소망을 갖게 하신 이 말씀을 당신의 종인 저에게 성취해주옵소서. 제 믿음 안에도, 제 세례 안에도, 제 회개에도, 제가 죄를 버린 행위 어디에도 공로는 전혀 없습니다. 그러나 주님의 약속을 이것들과 나란히 두셨고 제가 그것에서 당신에게 순종했기에 이제 탄원합니다. '당신의 진리를 입증하옵소서. 제가 이 모든 것을 주님의 말씀대로 행했습니다.'"

순종 다이어리 13

_____년 ___월___일 · 내 영혼의 날씨

1. 주님의 일을 하는데 열매가 보이지 않고 실패한 듯 보여도 우리가 낙망하지 않고 계속 해나갈 수 있는 근거는 무엇입니까?

2. 지금 주님의 말씀을 따라 그 약속을 바라보며 '울며 씨를 뿌리고 있는' 일이 있습니까?

오늘 나의 감사와 간구

Tuesday

14
명하신 그대로
순종하고 있는가?

내가 주의 말씀대로 이 모든 일을 행하는 것을 오늘 알게 하옵소서(왕상 18:36).

우리가 탄원할 수 있는 근거를 주님의 말씀에 둘 수 있다는 가르침을 어떻게 기도에 적용할 수 있는지 보십시오. "모든 일을 주님의 말씀대로 했습니다. 그러니 주님이 말씀하신 대로 행하옵소서." 이제 이 가르침을 살펴보면서 당신이 정말 하나님의 말씀대로 모든 일을 행했는지 스스로 점검해보십시오.
먼저 성공을 거두지 못한 사람들부터 이 질문에 대답해보십시오. 당신은 그 모든 일을 하나님의 말씀대로 행했습니까? 당신은 복음을 전했습니까? 당신이 전한 것은 복음이었습니까? 당신이 전한 것은 그리스도였습니까, 아니면 단순히 그리스도에 대한 것이었습니까? 당신은 사람들에게 양식을 주었습니까, 아니면 단지 양식을 놓을 접시와 양식을 자를 칼만 주었습니까? 당신은 그들에게 마실 것을 주었습니까, 아니면 단지 물 근처에 놓여 있던 잔을 갖다주었습니까?

어떤 설교들을 보면 복음이 담겨 있지 않습니다. 그것은 치즈 냄새가 나는 칼일 뿐 결코 치즈가 아닙니다. 이 문제를 주의 깊게 살펴보십시오.

당신이 복음을 전했다면 그것을 올바르게 전했습니까? 마음을 다해 진지하고 쉬우면서도 명확하게 복음을 선포했습니까? 어려운 표현을 사용해 복음을 전했다면 일반인들은 그것이 무슨 뜻인지 이해하지 못했을 것입니다. 또한 현학적인 표현과 어휘들을 사용해 전했다면 일반인들은 알아들으려고 노력하다가 그만 포기하고 말았을 것입니다. 복음을 지극히 단순하고 쉬운 방법으로 전하지 않는다면 하나님께 복 받을 것을 기대할 수 없습니다.

당신은 무엇보다도 당신이 가르치는 자들의 회심을 갈망하는 자로서 진리를 위해 자신을 던지고 온 마음으로 사랑을 담아 복음을 전했습니까? 기도와 함께 복음을 전했습니까? 아니면 기도 없이 단상에 올라가고 기도 없이 단상에서 내려왔습니까? 기도하지 않고 주일학교에 들어가고 기도하지 않고 주일학교를 나왔습니까? 그렇다면 당신은 축복을 구하는 것에서 이미 실패했기 때문에 복을 얻지 못한 것이 당연합니다.

당신은 자신의 가르침을 뒷받침하는 본을 보여주었습니까? 형제여, 당신은 당신이 전한 복음 그대로 살아가고 있습니까? 자매여, 당신은 당신이 가르치는 그대로 살아가고 있습니까? 바로 그런 질문에 우리는 대답해야 합니다. 어쩌면 하나님께서 우리에게 이렇게 대답하실 수 있기 때문입니다. "아니다. 너는 내 말대로 하지 않았다. 네가 전한 것은 내 복음이 아니었다. 너는 네 자신의 생각을 만들어냈다. 그런 네 생각에 복을 주겠다고 나는 약속한 적이 없다. 오직 내가 계시한 진리에만 복을 주겠다고 약속했을 뿐이다. 너는 사랑 없이 복음을 전했다. 단지 웅변과 연설을 통해 네 자신을 영광스럽게 하려고 했을 뿐 영혼들이 구원을 얻는 것에는 관심조차 기울이지 않았다."

하나님께서 당신을 지적하며 이렇게 말씀하신다고 가정해보십시오. "네가 보여준 본은 네가 가르친 것과는 정반대였다. 너는 이쪽을 바라보면서 다른 쪽을 가라고 가르쳤다."

그렇다면 우리의 기도 속에 하나님에게 탄원할 여지가 있겠습니까? 이제 우리의 태도를 바꿔야 합니다. 성령님의 도우심으로 순종의 가장 높은 단계로 올라가도록 노력합시다. 순종의 대가로 성공을 얻기 위해서가 아니라 다른 사람들에게도 순종을 명할 수 있기 위해서 말입니다. 우리가 단지 하나님의 명령대로 행동하기만 한다면 그렇게 할 수 있기 때문입니다. 바울은 심고 아볼로는 물을 주었습니다. 그리고 그것을 자라게 하시는 분은 바로 하나님이십니다.

이제 교회에 이 문제를 제기해봅시다. 어떤 교회를 보면 번성하지 않습니다. 저는 모든 교회가 이 문제를 모든 지체에게 적용하게 되기를 바랍니다. 우리는 한 교회로서 그리스도의 머리 되심을 인정하고 있습니까? 우리는 그리스도의 법령집을 인정합니까? 오직 그것만이 그리스도인의 신앙이라고 인정합니까? 우리는 교회로서 하나님의 영광을 구합니까? 하나님의 영광이 우리의 유일하고도 주된 목적입니까? 우리는 주변에 있는 영혼들을 위해 해산의 수고를 감당하고 있습니까? 우리는 먹고 마시는 일도 하나님의 영광을 위해 하려고 노력하고 있습니까? 우리는 늘 기도하고 있습니까?

오, 기도가 삶 가운데 있지 않기 때문에 얼마나 많은 교회가 기도 모임을 포기하고 있습니까? 그런 그들이 어떻게 복을 기대할 수 있겠습니까? 우리는 연합되어 있습니까? 오, 교회 지체들이 원수처럼 서로를 비방하고 헐뜯는 것이 얼마나 끔찍하고 두려운 일인지 모릅니다. 하나님께서 그런 교회에 복을 주실 것이라고 생각하십니까? 진영 안을 샅샅이 찾읍시다. 아간이 훔쳐서 장막 안에

숨겨 놓은 분열의 원인과 바벨론의 외투가 전능자의 손을 묶어 그분의 백성들을 위해 싸우실 수 없게 해서는 안 됩니다.

모든 교회여, 두렵고 떨리는 마음으로 그 일에 주의를 기울이십시오.

또한 하나님을 섬기다가 어려움에 빠진 그리스도인들에게 말씀드립니다. 먼저 몇 가지 질문을 드리고 싶습니다. 자신이 그 일에서 하나님을 섬겼다고 온전히 확신합니까? 당신은 변덕스런 생각과 허황된 생각에 빠져 있는 사람들이 있음을 알고 있습니다. 하나님은 당신의 변덕을 지지하겠다고 약속하지는 않으셨습니다. 어떤 사람들은 완고하게도 이 세상에서 자신의 양식을 마련하기 위해 모든 사람이 기본적으로 감당해야 하는 것조차도 순복하려고 하지 않습니다. 당신이 노새처럼 매를 맞아야 하는 존재라면 저는 당신이 받아야 할 보응을 그대로 받도록 내버려두어야 할 것입니다.

그러나 저는 지금 이해력을 지닌 당신에게 말하고 있습니다. 잘못된 모든 것에 대해서는 청교도처럼 단호하고 엄격해지십시오. 그러나 자기 부인을 해야 하는 모든 것에서는 순종하는 자가 되십시오. 그것이 하나님의 싸움이라면 하나님께서 친히 우리를 안고 그 싸움을 치르실 것입니다. 그러나 그것이 우리가 빚은 싸움이라면 우리 스스로 해결해야 합니다. 고집 센 것과 한결같은 것에는 많은 차이가 있습니다. 한결같은 것은 하나님의 말씀이 가르쳐준 진리 속에 있는 하나의 원칙입니다. 그러나 고집 센 것, 즉 당신의 머리 속에 괴이한 생각을 집어넣는 것은 한결같은 것과는 거리가 멉니다.

그 외에도 어떤 사람들은 특정한 부분들에 대해서는 양심적이고 진지합니다. 그렇다고 해서 그들이 모든 면에서 진지한 것은 아닙니다. 어떤 이들은 적게 취하는 것에 대해서는 양심적입니다. 그러나 적게 주는 것에 대해서는 그렇지 못합니다. 어떤 사람들은 주일 성수에 대해서는 진지합니다. 그러나 그 계명의 또 다른 반쪽인 "엿새 동안은 힘써 네 모든 일을 행할 것이나"(출 20:9)라는 말씀은 기억조차 못합니다.

저는 양심이 공정하고 공평하게 작용하는 것을 좋아합니다. 자신의 이익이나 즐거움을 위해 양심을 쉽게 저버린다면 세상은 당신의 양심을 거짓과 속임수로 생각할 것입니다. 그리고 더 이상 당신을 주목하려고 하지 않을 것입니다. 그러나 당신이 양심을 지키기 위해 고난을 받는다면 하나님께서 그 고난을 감당할 수 있게 힘을 주실 것입니다. 그러므로 오직 자신의 양심을 성령의 빛으로 비추고 있는지 늘 점검하고 살피십시오.

순종 다이어리 14

_____년 ___월___일 · 내 영혼의 날씨

1. 당신은 당신이 믿고 있는 복음, 기도하며 전하고 있는 복음대로 살고 있습니까?

2. 전도의 열매를 맺은 적이 있습니까? 없다면 그 이유는 무엇입니까? 그 이유를 자신에게서 찾아보십시오.

오늘 나의 감사와 간구

15
관계와 조건에 대해
불평하지 않기

내가 주의 말씀대로 이 모든 일을 행하는 것을 오늘 알게 하옵소서(왕상 18:36).

오늘은 특별히 이 질문을 찾고 구하는 죄인에게 말하고 싶습니다. 우리 가운데는 평안을 갈망하지만 평안에 이르지 못하는 이들이 있습니다. 그렇다면 당신이 어떤 면에서든 나태해졌기 때문에 엘리야처럼 "내가 주의 말씀대로 이 모든 일을 행했습니다"라고 말할 수 없게 된 것은 아닌지 살펴보십시오.

우리가 행위로 구원 받을 수 없다는 사실을 또 다시 말씀드릴 필요가 있을까요? 우리가 어떤 일을 해도 자비를 구할 자격을 얻지 못한다는 것을 계속 되풀이해서 말씀드려야 할까요? 구원은 하나님께서 거저 주시는 선물입니다. 요점은, 하나님께서 죄인에게 용서를 베풀어주시고, 고통받는 심령에게 평안을 주신다는 것입니다. 다만 하나님께서 그렇게 하시기 위해서는 어떤 조건이 필요합니다. 당신은 철저히 그 조건 가운데 있습니까? 그렇다면 당신은 평안을 얻게 될 것입니다. 평안이 없다면 다음 중 무언가가 결핍된 것입니다.

그 첫째가 믿음입니다. 예수 그리스도가 하나님의 아들이라는 사실을 믿습니까? 예수님께서 죽은 자 가운데서 다시 살아나셨음을 믿습니까? 자신을 전적으로, 단순하고 명료하게, 진심으로, 단번에 예수님에게 맡기고 있습니까? 그렇다면 다음의 말씀에 의지하여 탄원하십시오.

믿는 자는 영생을 가졌나니 (요 6:47).

당신에게 결핍된 것은 어쩌면 진실한 회개인지도 모르겠습니다. 당신은 거짓 없이 철저하게 회개했습니까? 죄에 대한 마음이 완전히 달라졌습니까? 한때 사랑했던 것을 이제는 미워하게 되었고, 전에 미워했던 것을 이제는 사랑하게 되었습니까? 진심으로 죄를 혐오하고 포기하며 떠났습니까? 자신을 속이지 마십시오.

죄 가운데 있는 한 구원 받을 수 없습니다. 구원 받기 위해서는 먼저 죄에서 구원 받아야 하기 때문입니다.

당신은 죄와 결별해야 합니다. 그렇지 않으면 결코 그리스도와 연합할 수 없습니다. 모든 죄를 버리려고 노력하십시오. 모든 잘못된 길에서 돌이키십시오. 그렇지 않으면 당신의 믿음은 단지 죽은 믿음에 불과합니다. 그런 믿음으로는 결코 구원 받을 수 없습니다. 당신이 다른 사람에게 잘못을 범했을 수도 있습니다. 그리고 그 사람과의 관계 회복을 위해 아무것도 하지 않았을 수도 있습니다. 무디 목사는 보상에 대해 설교할 때 매우 좋은 점을 지적했습니다. 우리가 다른 사람에게 잘못을 범했다면 그것에 대해 그에게 보상해야 합니다. 우리가 훔친 것을 돌려주어야 합니다. 사람은 자신이 다른 사람에게 행한 잘못을 보상할 때까지는 양심의 평안을 찾을 수 없습니다. 혹시 잘못이라는 돌이 당신의 문 앞에 놓여 있지는 않습니까? 문 앞에 그 돌이 있는 한 당신은 결코 평안 속으로 들어갈 수 없습니다.

어쩌면 당신은 기도를 게을리했을 수도 있습니다. 기도 없이는 그 누구도 주님을 찾을 수 없습니다. 기도는 우리가 주님을 찾는 방법입니다. 주님을 구하지 않고서 어떻게 그분을 찾을 수 있겠습니까? 기도를 게을리했다면 당신은 이렇게 말할 수 없습니다. "내가 주의 말씀대로 이 모든 일을 행했습니다." 주님이 당신의 마음을 일깨워 강력하게 기도하게 하시기를 간구합니다. 주님이 당신에게 복을 주시기 전까지 결코 그분을 놓지 마십시오! 주님을 기다리며 바라볼 때 우리는 주님이 주시는 영혼의 안식을 발견하게 될 것입니다.

그리스도를 믿고 있으면서도 여전히 불신자들과 어울리고 어리석은 일과 쾌락에 빠져 평안을 누리지 못하는 사람도 있습니다. 당신이 혹 그런 사람은 아닙니까? 하나님과 재물을 겸하여 섬길 수 없다는 것을 당신은 알고 있습니다. 그래서 주님은 이렇게 말씀하십니다.

그러므로 너희는 그들 중에서 나와서 따로 있고 부정한 것을 만지지 말라 내가 너희를 영접하여 너희에게 아버지가 되고 너희는 내게 자녀가 되리라 전능하신 주의 말씀이니라 하셨느니라(고후 6:17-18).

제가 아는 어떤 사람이 있는데, 그를 그리스도로부터 멀어지게 하는 유일한 요인이 그가 어울리는 사람들이라고 확신합니다. 그가 어울리는 무리가 그 자체로 나쁘다고 말하는 것은 아닙니다. 다만 그에게 나쁠 뿐입니다. 마찬가지로 그 자체로 옳은 것이어도 제게 해를 주는 것이라면 저는 그것을 포기해야 합니다.

예수님은 우리에게 사마귀나 쓸모없는 것을 잘라버리라고 명령하지 않으셨습니다. 예수님은 우리에게 오른팔을 잘라버리고 오른쪽 눈을 뽑아버리라고 명령하셨습니다. 그 자체로는 선하고 좋은 것들입니다. 그러나 그것들이 우리가 그리스도에게 나아가는 길을 가로막는 장애물이라면 과감히 잘라버리고 뽑아버려야 합니다. 세상에서 아무리 가치 있고 중요한 것이라고 해도 그로 인해 영혼을 잃어버리게 된다면 그것이 무슨 의미가 있고 무슨 가치가 있습니까? 단호히 제거해버리십시오.

다른 사람에게는 합법적인 것들이 당신에게는 부적절한 것들이 될 수 있습니다. 그것이 당신에게 해가 되기 때문입니다. 많은 사람에게 해를 주지 않는 것이 어떤 사람에게는 가장 위험한 것이 될 때가 있습니다. 그런 경우 그 사람은 그것을 피해야 합니다. 스스로에게 엄격해지십시오. 당신을 구주로부터 멀어지게 만드는 모든 것들을 제거하십시오.

어쩌면 이렇게 항변하는 사람이 있을지 모르겠습니다. "글쎄요, 제가 아는 한 저는 나쁜 모임에는 얼씬하지도 않았습니다. 게다가 주님을 따르려고 얼마나 애쓰고 있는데요." 그런 이에게 마음속의 깊은 질문을 하나 드리겠습니다. 당신은 모든 것에서 예수님께 순종하기를 원하십니까?

관계와 조건에 대해 불평하지 말라.

예수님은 언제나 다스리기 위해 오시느니.

그리스도를 구주로 고백한다면 또한 그분을 왕으로 인정해야 합니다. 그래서 주님은 이렇게 말씀하십니다. "믿고 세례를 받는 사람은 구원을 얻을 것이요"(막 16:16). 세례가 당신을 구원합니까? 결코 그렇지 않습니다. 예수 그리스도에 대한 믿음으로 구원 받기 전까지 당신은 세례 받을 권리조차 없습니다. 그러나 기억하십시오. 그리스도가 당신에게 명령하시면, 즉 그분을 왕으로 받아들이면 당신은 그분에게 순종해야 합니다. 그리스도가 "세례를 받으라"고 말씀하시는 대신에 단순히 "너의 공로를 내세워라"고 말씀하셨다면 당신은 "제가 세운 공이 저를 구원하는 것입니까?"라고 반문할 수 있을 것입니다.

그러나 주님은 절대로 그렇게 말씀하지 않으셨습니다. 그리스도가 명령하셨기 때문에 당신을 그 일을 해야 합니다. 그리스도가 "주머니에 돌을 넣고 다녀라"고 명하셨다면, 당신은 다만 주머니에 돌을 넣고 다녀야 합니다. 명령이 중요하게 보이지 않을수록 그 명령에 귀한 것들이 달려 있는 경우가 많습니다.

반항적인 한 아들이 있었습니다. 하루는 아버지가 아들에게 말했습니다. "애야, 저 막대기를 집어 들어라." 그 명령은 아들에게 별로 중요하게 들리지 않았습니다. 그래서 아들은 부루퉁한 표정을 지으며 명령을 따르지 않았습니다. "내 말을 듣고 있니? 저 막대기를 집어 들어라." 아들은 여전히 아버지의 말을 듣지 않았습니다. 아버지가 아들에게 아들의 능력으로는 감당할 수 없는 크고 중요한 일을 시켰다면, 아들이 아버지의 명령을 거부했다고 해도 그것을 가리켜 불순종이라고 말하기는 어렵습니다. 그러나 마음만 먹으면 할 수 있는 작은 일을 시켰을 때조차 이를 거부한다면 그것은 명백한 불순종입니다.

따라서 저는 이 점을 매우 강조합니다. 예수 그리스도를 믿는 자라면 그분의 말씀대로 행해야 한다는 것입니다. 주님에게 이렇게 말씀드리십시오. "주님, 제가 무엇을 하길 원하십니까? 어떤 일이든 기꺼이 하겠습니다. 저는 주님의 종입니다." 그리스도에게 속한 자가 되고 싶다면 발라클라바 전투의 영국 경기병들(크림전쟁 당시 상관의 무리한 명령을 받고 러시아 포병부대에 돌격하여 수많은 사상자를 내며 승리를 거둠)과 같이 행하십시오.

자네가 할 일은 왜 그런지 이유를 묻는 것이 아니라
다만 그 일을 행동에 옮기다 죽는 것이다.

예수님께서 당신을 죽음의 자리에 부르신다면 이렇게 노래하며 따라가십시오.

예수님이 인도하신다면 물도 불도 뚫고 지나

그분이 가시는 곳으로 따라가겠네.

처음에는 "나는 그 일을 하지 않겠다. 그것은 본질적인 일이 아니다"라고 외치다가 그 다음에 계속해서 "나는 그것에 동의하지 않는다. 다른 것에도 동의하지 않는다"라고 말하는 믿음은 결코 믿음이라고 할 수 없습니다. 그런 경우 주인은 그리스도가 아니라 바로 당신입니다. 그리스도의 집에서 당신은 외람되게도 그분의 명령을 바꾸려고 하는 것입니다.

어떤 사람이 말합니다. "아, 세례에 대해 말씀하신다면 저는 이미 세례를 받았습니다. 목사님도 알다시피 아주 오래전에 말이죠. 제가 아기였을 때 받았으니까요." 당신도 혹시 이런 식으로 말하고 있지는 않습니까?

안주인이 가정부에게 "먼지를 털고 거실을 쓸어주세요"라고 분부한 후 외출했습니다. 잠시 후 안주인이 집에 돌아와보니 거실이 온통 먼지 투성이었습니다. 안주인은 말했습니다. "내가 시킨 대로 하지 않았군요." 가정부는 이렇게 대꾸했습니다. "아뇨, 시키신 대로 다했어요. 다만 거실을 쓴 다음에 먼지를 털었을 뿐이에요."

그리스도의 명령을 받은 그대로가 아닌 다른 식으로 행해서는 결코 좋은 결과를 얻지 못합니다. 그렇게 하는 것은 아무런 의미가 없습니다. 우리는 그리스도가 명령하실 때 그분이 명령하신 그대로, 명령하신 일의 순서대로 해야 합니다. 단지 그분이 명령하신 그대로 순종하는 것이 우리가 할 일입니다. 그렇게 할 때 우리는 그리스도를 믿는 것과 그리스도에게 순종하는 것이 같은 것임을 기억할 수 있습니다.

성경에서는 자주 같은 단어를 "믿으라"는 단어로 해석하기도 하고 "순종하라"는 단어로 해석하기도 합니다. 그리스도는 그분에게 순종하는 모든 사람에게, 그분을 믿는 모든 사람에게 영원한 구원의 주인이십니다. 그러니 진심으로 그리스도를 신뢰하십시오. 그리고 기쁘게 그분에게 순종하십시오.

그렇게 할 때 당신은 마지막 숨을 거두는 순간에 주님에게 가서 이렇게 말할 수 있습니다. "주님, 저는 당신의 말씀대로 이 모든 것을 행했습니다. 저는 지금 공로를 주장하는 것이 아니라 다만 당신이 제게 주신 은혜로운 약속을 지키실 것을 요구하는 것입니다. 주님은 말씀하신 것을 어느 하나도 헛되이 돌아오게 하시는 분이 아니니까요."

그리스도를 위해 하나님의 복이 오늘 당신에게 임하기를 기도합니다.

_____년 ___월___일 · 내 영혼의 날씨

1. 주님의 은혜를 구하면서도 당신이 아직 떨쳐내지 못하고 있는 죄가 있습니까?

2. 당신을 주님으로부터 멀어지게 만들 수 있는 가장 강력한 요소는 무엇입니까? 그것을 어떻게 극복하시겠습니까?

오늘 나의 감사와 간구

16
그리스도의 말씀을
지키는 사람들의 특징

> 진실로 진실로 너희에게 이르노니 사람이 내 말을 지키면 영원히 죽음을 보지 아니하리라 유대인들이 이르되 지금 네가 귀신 들린 줄을 아노라 아브라함과 선지자들도 죽었거늘 네 말은 사람이 내 말을 지키면 영원히 죽음을 맛보지 아니하리라 하니 너는 이미 죽은 우리 조상 아브라함보다 크냐 또 선지자들도 죽었거늘 너는 너를 누구라 하느냐(요 8:51-53).

요한복음 8장의 앞부분에서 우리는 유대인들이 찬양 받으실 주님을 적의로 가득 찬 질문으로 공격하는 것을 봅니다. "우리가 너를 사마리아 사람이라 또는 귀신이 들렸다 하는 말이 옳지 아니하냐"(요 8:48). 그러나 우리 구주께서 얼마나 잠잠히 그들에게 대답하시는지요! 주님은 그들에게 대답하셨습니다. 그럴 필요가 있다고 판단하셨기 때문입니다. 주님은 커다란 인내와 온전한 근거를 가지고 대답하셨습니다.

나는 귀신 들린 것이 아니라 오직 내 아버지를 공경함이거늘(요 8:49).

이 얼마나 명백한 증거입니까! 하나님을 공경하는 사람을 과연 귀신 들린 사람이라고 말할 수 있을까요? 악한 영은 애초부터 하나님을 영광스럽게 하는 일을 반대하는 자인데 말입니다. 유대인들의 거짓 비난은 주님이 위대한 진리를 말씀하시는 계기가 되었습니다. 유대인들이 격분해서 달려듭니다. 그러나 주님은 그들의 얼굴에 진리의 빛을 비추어주십니다. 오류를 내려놓게 하기 위해 진리를 높이 드신 것입니다. 그렇게 유대인들의 죽음의 말은 살아 있는 말을 대면하게 되었습니다.

진실로 진실로 너희에게 이르노니 사람이 내 말을 지키면 영원히 죽음을 보지 아니하리라(51절).

흔들리지 않는 확신을 가지고 하나님의 진리를 말하는 것만큼

효과적으로 믿음의 적들을 물리칠 수 있는 것도 없습니다. 예수님께서 말씀하신 진리는 약속으로 가득 차 있습니다. 그래서 유대인들에게 의도적으로 주님의 약속을 거부하는 것은 위협보다 더 큰 두려움이 되었습니다. 그리스도의 약속을 거부하는 것은 곧 재앙으로 바뀝니다. 그리스도가 "사람이 내 말을 지키면 영원히 죽음을 보지 아니하리라"고 말씀하셨는데도, 그들이 계속해서 그분을 비난한다면 나중에 그들의 양심이 일깨워졌을 때 그들에게 이렇게 말할 것이기 때문입니다.

> 아들을 믿는 자에게는 영생이 있고 아들에게 순종하지 아니하는 자는 영생을 보지 못하고 도리어 하나님의 진노가 그 위에 머물러 있느니라(요 3:36).

믿는 자가 결코 죽음을 보지 않게 된다는 말은, 뒤집어서 보면 불신자는 결코 생명을 보지 못한다는 뜻이 됩니다. 그래서 주님의 약속을 거부하는 자들에게는 복음이 "사망으로부터 사망에 이르는 냄새"(고후 2:16)가 되고 맙니다. 영생을 선포하는 말씀이 영원한 죽음의 위협이 되는 것입니다. 부디 우리의 마음이 은혜로운 상태가 되어 그리스도의 말씀을 지킬 수 있도록 기도드립니다. 이 경이로운 약속을 유업으로 받을 수 있도록 말입니다.

사람이 내 말을 지키면 영원히 죽음을 보지 아니하리라.

결코 죽음을 보지 않을 자, 즉 은혜입은 사람의 특징 가운데 하나가 그리스도가 말씀하신 것을 지키는 것임을 알고 계십니까? 그밖에 다른 특징들이 더 있을 수 있으나 이 특징이 가장 중요합니다. 그는 소심하고 두려움 많은 기질을 가졌을 수도 있습니다. 자주 어려움 가운데 처할 수도 있습니다. 그러나 그리스도의 말씀을 지키는 자라면 결코 죽음을 보지 않을 것입니다. 그는 젊은 시절 극악한 죄인이었을지도 모릅니다. 그러나 회심하고 난 뒤 그리스도의 말씀을 지키도록 인도함 받았다면 결코 죽음을 보지 않을 것입니다. 그는 강한 마음을 가진 사람일 수도 있습니다. 그런 사람은 영원한 실재를 견고히 붙잡고 있기 때문에 최상으로 쓰임 받습니다.

그러나 그런 모든 것에도 불구하고 주님의 이 약속은 그에게도 똑같이 적용됩니다. 그가 안전한 이유는 연약하고 겁 많은 사람이 안전한 이유와 똑같습니다. 그가 그리스도의 말씀을 지키면 결코 죽음을 보지 않는다는 것입니다.

그러니 다른 문제들에 대한 질문을 모두 던져버리십시오. 그리고 오직 이 한 가지에 대해서만 마음속으로 질문해 보십시오. 당신은 그리스도의 말씀을 지키는 자입니까? 그렇다면 당신은 결코 죽음을 보지 않을 것입니다.

그리스도의 말씀을 지키는 자란 누구를 말합니까? 분명히 그는 그리스도와 친밀한 관계를 누리는 사람입니다. 그는 그리스도가 하시는 말씀을 듣습니다. 그리스도가 말씀하시는 것에 주목합니다. 그리고 그리스도가 말씀하시는 것을 붙잡습니다. 우리는 하나님을 믿는 것에 대해 이야기하는 사람들을 만납니다. 하지만 그들은 주 예수 그리스도를 위대한 희생 제물이요 화목자로서는 알지 못합니다. 그러나 우리는 중보자 없이 하나님에게 나아갈 수 없습니다.

예수님께서 말씀하십니다.

나로 말미암지 않고는 아버지께로 올 자가 없느니라(요 14:6).

예수님의 증언은 참됩니다. 우리는 하나님이신 그리스도에게 영광을 올려 드립니다. 그리스도가 지니신 신성에 대해 결코 의심하지 않습니다. 그러나 "하나님은 한 분이시요 또 하나님과 사람 사이에 중보자도 한 분이시니 곧 사람이신 그리스도 예수라"(딤전 2:5)라고 성경은 말합니다.

영원히 기억하십시오. 하나님이자 인간이신 중보자, 그리스도 예수가 하나님 아버지와 우리의 모든 교제에 본질이 된다는 사실을 말입니다. 화목과 구속, 칭의, 하나님에게 가까이 나아갈 수 있도록 그분이 정해 놓으신 방법에 기꺼이 동의하지 않는다면 당신은 결코 하나님을 신뢰할 수 없습니다. 하나님을 사랑할 수도 없고, 올바르게 섬길 수도 없습니다. 그것은 예수 그리스도의 보혈을 통해서만 가능합니다.

그리스도 안에서 우리는 하나님에게 가까이 나아갈 수 있습니다. 성육신하신 하나님을 통하지 않고 소멸하는 불이신 여호와 하나님에게 가까이 나아가려고 결코 시도하지 마십시오. 스스로 답해보십시오. 당신의 마음은 하나님께서 죄를 위해 속죄로 선포하신 예수님에게 고정되어 있습니까? 당신은 하나님께서 정하신 길을 통해 그분에게 나아가고 있습니까? 그분은 다른 길로는 결코 당신을 받아주지 않으실 것입니다. 어린양의 피를 통한 구원의 길을 거부한다면 결코 그리스도의 말씀을 지킬 수 없습니다. 그리스도가 친히 이렇게 말씀하셨기 때문입니다. "나를 본 자는 아버지를 보았거늘"(요 14:9). 그리스도는 그 외의 다른 어떤 방법도 말씀하지 않으셨습니다.

또한 죽음을 보지 않는 은혜를 입은 자들은 주 예수님을 자신의 전부로 생각하기 때문에 그분의 말씀을 경외합니다. 말씀을 존중하고 지키며 신뢰하고 순종합니다. 주님의 말씀을 지킨다는 것은 우선, 그들이 주님의 교리를 받아들인다는 것을 뜻합니다.

예수님께서 진리로 무엇을 제시하시든 그들에게 그것이 곧 진리입니다. 당신도 그렇게 말할 수 있습니까?

믿음의 가장 큰 근원이 바로 자기 생각인 사람들이 있습니다. 그들은 하나님의 계시 자체를 판단합니다. 그들은 하나님의 계시를 해석할 뿐만 아니라 바꾸고 확장시킬 권리가 자신들에게 있다고 주장합니다. 그들은 자기 확신에 가득 찬 나머지 스스로를 하나님의 말씀을 판단하는 자로 만들어버립니다. 그들은 오늘날의 지식과 문화가 확증하고 만들어내는 가르침을 믿습니다. 그들의 기반은 인간의 사고에 있습니다. 그들이 볼 때 성경의 어떤 부분들은 완전히 잘못된 오류입니다. 그래서 과학과 학문의 망치로 두드려 고쳐야 할 필요가 있다고 생각합니다. 그들에게 성령의 빛은 오늘날의 앞선 시대가 보여주는 찬란한 문명의 빛에 비교한다면 단지 희미한 반딧불에 불과합니다.

그러나 약속을 소유할 수 있는 사람은 단지 그것이 예수님의 말씀이기 때문에, 구주의 말씀이기 때문에 그것을 믿는 자입니다. 그는 그리스도의 말씀과 성령의 감동으로 기록된 사도들의 서신서들을 진리로 받아들입니다. 그에게 성령의 감동은 믿음의 보증입니다. 이것은 매우 중요한 문제입니다. 우리 믿음의 기초가 우리 믿음의 전체 구조보다 더 중요하기 때문입니다.

우리 믿음의 근거를 주님이 말씀하셨다는 사실에 두지 않으면 그 믿음에는 하나님께서 요구하시는 경외감이 없습니다. 설령 우리의 믿음이 올바르다고 해도 하나님 말씀의 권위에 기반을 두지 않는다면 그 심령은 올바르지 않습니다. 우리는 제자이지 비판자가 아닙니다. 무조건 이의만 제기하는 태도를 버려야 합니다. 우리는 믿는 사람이기 때문입니다.

또한 죽음을 보지 않는 은혜를 입은 사람은 그리스도의 약속을 신뢰합니다. 그것은 핵심적인 문제입니다. 예수님을 신뢰하지 않는다면 영적인 생명을 소유하지 않은 것입니다. 당신은 주 예수님의 말씀을 의지합니까? "믿는 자는 영생을 가졌나니"(요 6:47). 당신은 죄를 고백하고 버리는 자에게 죄를 사해주신다는 약속을 믿습니까? 위대한 희생 제물의 보혈을 통해 죄 사함을 주신다는 약속을 믿습니까? 그리스도의 약속이 당신에게 확실하고 견고한 것입니까? 그분의 신성한 말씀인 "진실로 진실로 너희에게 이르노니"가 확실하게 보증한 것입니까? 당신은 자신의 영혼을 주님의 말씀에 온전히 맡기고 확신에 거할 수 있습니까?

우리 가운데 자신의 영원한 운명을 오로지 그리스도의 진실하심에만 의지하는 자들이 있습니다. 우리가 주님의 모든 약속을 온전히 받아들일 때 얼마나 충만한 확신이 우리 가운데 넘쳐 흐르게 될까요!

그대, 주의 성도들이여,
주의 탁월한 말씀 안에서
그대의 믿음은 얼마나
견고한 근거에 놓여 있는가?

또한 죽음을 보지 않는 은혜를 입은 사람은 예수님의 계명에 순종합니다. 삶 속에서 실제로 주님의 말씀을 따르지 않는다면 그 누구도 그리스도의 말씀을 지킨다고 말할 수 없습니다. 주님은 단순한 스승이 아닙니다. 그분은 우리의 주님이십니다. 주님의 말씀을 진정으로 지키는 사람은 그분의 도덕적 가르침의 본질인 사랑의 마음을 기릅니다. 그는 온유하고 자비로운 사람이 되려고 노력합니다. 순전한 마음과 평온한 심령을 추구합니다. 어떤 핍박을 당한다고 해도 거룩함을 좇습니다. 주님이 무엇을 명령하시든 기꺼이 그 일을 행합니다. 그는 주님의 명령을 거역하지 않습니다. 그것이 수없는 자기 부인과 세상과의 분리를 요구한다고 해도 말입니다.

그는 기꺼이 좁은 문을 통해 들어갑니다. 좁은 길을 따라 걸어갑니다. 주님이 그에게 그것을 명령하셨기 때문입니다. 순종으로 인도하지 않는 믿음은 죽은 믿음입니다. 거짓 믿음입니다. 우리로 죄를 버리게 인도하지 않는 믿음은 아무리 좋은 믿음이라고 해도 사탄의 믿음과 다를 바 없습니다.

믿음은 하나님 아버지의 은혜를 신뢰하는 만큼
그분의 뜻에 순종해야 하네.
죄를 사하시는 하나님은 또한 그분의 거룩함으로 인해
질투하시는 하나님이기 때문이네.

이제 그리스도의 말씀을 지키는 사람이 어떤 자인지 아셨을 것입니다. 그는 하나님의 말씀을 통해 영원한 새 생명을 받습니다. 하나님의 말씀이 "살아 있고 항상 있는 썩지 아니할 씨"(벧전 1:23 참조)이기 때문입니다. 말씀의 씨앗은 땅 속 어디에 떨어지든 그곳에 거하며 뿌리를 내리고 자라갑니다.

> 하나님이 세상을 이처럼 사랑하사 독생자를 주셨으니 이는 그를 믿는 자마다 멸망하지 않고 영생을 얻게 하려 하심이라(요 3:16).

생명을 영혼 속에 심는 통로는 바로 그리스도의 말씀입니다. 또한 그 말씀을 통해 하늘의 생명이 양식을 먹고 자라나며 성숙하고 결국 온전하게 됩니다. 말씀을 통해 역사하는 성령의 능력과 힘은 내면에 있는 생명의 싹을 틔우고 자라게 하며 온전히 완성시킵니다. 이 땅 위에서 누리는 은혜로운 삶은 영화로운 생명이라는 열매를 맺는 꽃입니다. 거듭남에서부터 부활에 이르기까지 계속해서 같은 생명이 역사하는 것입니다. 믿는 자가 그리스도의 말씀을 지키기 시작할 때 그의 영혼 속으로 들어간 생명은 그가 지극히 복된 자의 나라 영원한 보좌 앞에서 누리게 될 생명과 같은 생명입니다.

우리가 그리스도의 말씀을 지키는 것은 사실 그분이 친히 우리에게 본이 되셨기 때문입니다. 요한복음 8장 55절 말씀을 주목해서 보십시오. 예수님께서 하나님에 대해 말씀하십니다.

너희는 그를 알지 못하되 나는 아노니 내가 알지 못한다 하면 나도 너희같이 거짓말쟁이가 되리라 나는 그를 알고 또 그의 말씀을 지키노라.

우리는 주님의 말씀을 지켜야 합니다. 주님이 하나님 아버지의 말씀을 지키신 것처럼 말입니다. 주님은 하나님의 말씀을 따라 사셨습니다. 그래서 돌이 떡이 되게 하라는 사탄의 유혹을 거부하셨습니다. 주님 안에는 하나님의 말씀이 있었습니다. 그래서 항상 하나님 아버지를 기쁘시게 하는 일들을 하실 수 있었습니다. 말씀하실 때도 주님은 자신의 말씀을 하는 게 아니라 자신을 보내신 분의 말씀을 하셨습니다.

주님은 하나님의 말씀을 성취하기 위해 사셨습니다. 심지어 십자가 위에서도 성경 말씀을 성취하는 일에 온 마음을 기울이셨습니다. 주님은 이렇게 말씀하셨습니다. "하나님께 속한 자는 하나님의 말씀을 듣나니"(요 8:47). 이것은 주님에게 아주 온전한 진리였기에 그분은 "주께서 내 귀를 열어주셨으며"(시 40:6, 한글 KJV)라고 말씀하셨습니다.

주님에게는 말씀이 전부였습니다. 그래서 사도들로 인해 기뻐하셨습니다. 사도들에 대해 다음과 같이 말씀하실 수 있었기 때문입니다. "그들은 아버지의 말씀을 지키었나이다"(요 17:6).

당신이 주님의 말씀을 지킬 때 바로 그 말씀을 하신 주님이 당신에게 그것을 지키는 법을 알려주십니다. 주님을 향한 삶을 사십시오. 주님이 하나님 아버지를 향한 삶을 사셨듯이 말입니다. 그렇게 할 때 당신은 주님의 약속을 받게 될 것입니다. "진실로 진실로 너희에게 이르노니 사람이 내 말을 지키면 영원히 죽음을 보지 아니하리라."

_____년 ___월___일 · 내 영혼의 날씨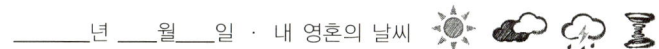

1. 당신은 말씀을 통해 새생명을 받았음을 믿습니까? 또한 주님의 말씀을 지킴으로써 죽음을 보지 않을 것이라는 소망을 가지고 있습니까?

2. 당신은 주님의 말씀을 따라 영원한 생명을 바라보며 오늘 기꺼이 좁은 길로 가겠습니까?

오늘 나의 감사와 간구

17
영원히 죽음을
보지 않는다는 것의 의미

사람이 내 말을 지키면 영원히 죽음을 보지 아니하리라(요 8:51).

오늘은 이 구절에서 기쁨이 넘치는 뒷부분을 살펴보겠습니다. 여기서 주님이 약속하시는 영광스러운 구원에 관한 이야기입니다. "영원히 죽음을 보지 아니하리라."

주님은 그분의 말씀을 지키는 자가 결코 죽지 않을 것이라고 말씀하신 것이 아닙니다. 사실 예수님도 죽으셨습니다. 또한 예수님을 따르는 자들도 무덤으로 내려갔습니다. 어떤 이들은 주님이 오실 때까지 자신이 살아 있을 것이라는 믿음을 통해 힘을 얻습니다. 그래서 그들은 살아남은 자신들이 예수님께서 오시면 변화될 것이라고 믿습니다. 물론 주님이 언제 오시든 다시 오실 것이라는 소망은 진정 복된 소망입니다. 그러나 주님이 다시 오실 때 살아 있는 것만이 진정 우리가 갈망해야 할 중요한 것이라고 생각지 않습니다. 죽는 것보다 변화되기를 더 갈망해야 할 이유가 있을까요? 다음의 말씀을 보십시오.

> 주께서 강림하실 때까지 우리 살아남아 있는 자도 자는 자보다 결코 앞서지 못하리라(살전 4:15).

그것은 위대한 진리입니다. 제가 죽는다면 저는 죽음의 문제, 무덤으로 내려가는 데서 그리스도와 실제적인 교제를 나누었다고 영원히 말할 수 있을 것입니다. 그것은 살아남은 행복한 성도들은 결코 알 수 없는 일입니다. 그것은 교리의 문제가 아닙니다. 그러나 그 문제에서 선택권이 있다면 저는 죽는 것이 더 유익하다고 말씀드리고 싶습니다.

> 모든 성도의 무덤을 주님이 축복하시는도다.
> 모든 침상을 부드럽게 만드시는도다.
> 죽어가는 지체들이 어디에서 안식을 누리는가?
> 바로 죽어가시는 주님,
> 그들의 머리 되시는 분의 품이 아닌가?

우리는 사랑하는 형제가 주님의 영광스런 재림 전에 잠든 일에 대해 슬퍼하지 않습니다. 죽었다고 해서 그가 결코 잃어버린 자, 패배한 자가 아님을 확신하기 때문입니다. 주님은 말씀하셨습니다. "사람이 내 말을 지키면 영원히 죽음을 보지 아니하리라." 그것은 주님이 다시 오실 때 남아 있을 소수의 사람에 대한 말씀이 아닙니다. 오히려 그분의 말씀을 지킨 모두에 대해 하신 말씀입니다. 비록 그들이 무덤 속으로 간다고 해도 말입니다.

이 약속은 무엇을 의미합니까? 먼저 그것은 주님이 죽음을 향하고 있던 우리의 얼굴을 돌이키신다는 것을 의미합니다. 가엾은 죄인인 저는 죄를 깨닫고 진노의 두려움 앞에 일깨움을 받은 자로서 있습니다. 제 얼굴 앞에 무엇이 있습니까? 저는 무엇을 응시할 수밖에 없습니까?

본문에 나오는 헬라어는 '보다' 라는 단어로는 충분히 그 뜻을 전달할 수 없습니다. 그 단어는 더 강렬한 의미를 담고 있습니다. 헬라어성경의 편수자 웨스트코트에 의하면 이 본문에서 언급한 '보는 것' 은 다음과 같습니다. "오랫동안 꾸준히 지치지 않고 바라보는 것으로 우리는 그렇게 바라보는 것을 통해 우리 눈이 향하고 있는 대상의 본질에 천천히 익숙해진다."

일깨움을 받은 죄인은 영원한 죽음을 바라보게 됩니다. 그것이 바로 죄가 위협하고 있는 형벌입니다. 죄인은 두려움과 당황스러움 속에서 죄의 결과를 응시하며 서 있습니다. 그러나 주 예수의 복음이 제 영혼 속으로 들어올 때, 믿음으로 그분의 말씀을 지킬 때 저는 완전히 반대 방향으로 돌아서게 됩니다. 제 등은 죽음을 향하고 제 얼굴은 영원한 생명을 향하게 되는 것입니다. 죽음이 제거되고 생명이 주어집니다.

그뿐만이 아닙니다. 더 많은 생명을 약속 받습니다. 제 안에서, 제 주변에서, 제 앞에서 무엇을 보게 될까요? 생명! 오직 생명뿐입니다. 그리스도 예수 안에 있는 생명뿐입니다. 제가 저 멀리 영원함 속에서 무엇을 보게 될까요? 결코 끝이 없는, 결코 다함 없는 생명입니다. "믿는 자는 영생을 가졌나니." 이제 저는 이 말씀들의 의미를 깨닫기 시작합니다.

> 나는 부활이요 생명이니 나를 믿는 자는 죽어도 살겠고 무릇 살아서 나를 믿는 자는 영원히 죽지 아니하리니 (요 11:25-26).

주 예수님의 말씀을 받은 자는 죽음에서 생명으로 옮겨진 것입니다. 그는 결코 심판에 이르지 않습니다. 따라서 결코 죽음도 보지 않습니다. 믿는 자 앞에 있는 것은 오직 생명뿐입니다. 더 풍성한 생명, 온전하고 풍성한 생명, 영원한 생명뿐입니다. 우리의 죽음은 어떻게 되었습니까? 우리 주님이 이미 그것을 견디셨습니다. 주님이 우리를 대신해 죽으셨습니다. "친히 나무에 달려 그 몸으로 우리 죄를 담당하셨으니" (벧전 2:24).

우리의 대표자이신 주님의 죽음 속에서 우리도 함께 죽었습니다. 믿는 자에게 남아 있는 죽음의 형벌이란 없습니다. 이제 아무리 작은 고소도 그리스도가 대신 죽으신 자들을 향해서는 제기할 수 없습니다. 그래서 우리는 이렇게 노래합니다.

완전한 대속을 당신이 행하셨습니다.
당신의 백성이 갚아야 할
마지막 동전 한 닢까지도.
이제 하나님은 저를 향해 진노를 발하실 수 없습니다.
당신의 의 안에 피한다면
당신의 피가 뿌려진다면.

우리는 그리스도가 하나님의 목적 안에서 대신 죽으신 자들입니다. 그런데 어떻게 죽을 수 있겠습니까? 주 예수님께서 어떤 형벌도 요구할 수 없을 만큼 공의를 만족시키셨는데 어떻게 우리가 이 세상을 떠나는 것이 형벌의 결과일 수 있겠습니까? 우리 주님이 십자가에서 달려 죽으신 모습을 보면서 저는 제게 예정되어 있던 죽음 자체가 죽어 있는 것을 봅니다.

이제 본문이 의미하는 또 다른 주제를 살펴보겠습니다.

사람이 내 말을 지키면 영원히 죽음을 보지 아니하리라.

이 말씀은 우리의 영적 죽음이 결코 돌이킬 수 없는 것임을 뜻합니다. 그리스도를 알기 전에 인간은 죽음 속에 거하고 있습니다. 어디를 바라보든 그의 눈에 보이는 것은 오직 죽음뿐입니다. 가엾은 영혼들이여! 당신은 제가 무엇을 말하는지 알고 있습니다. 지금 영혼의 문제 아래 있는 이들은 제 말이 무슨 뜻인지 알 것입니다. 당신은 기도하려고 노력하지만 기도 속에서도 오직 죽음만 발견할 것입니다. 믿으려고 노력하지만 믿음에 대해서도 자신이 죽은 자처럼 보일 것입니다. 아, 믿지 않는 자들이여! 당신이 알든 모르든 죽음은 우리 안에 그리고 도처에 있습니다.

당신은 "허물과 죄로 죽었던"(엡 2:1) 자입니다. 죄와 당신의 관계는 수의와 시체의 관계와 같습니다. 죄는 당신에게 너무나 자연스럽습니다. 죄는 당신에게 달라붙어 있을 뿐만 아니라 당신을 꽁꽁 묶고 있습니다. 어떤 부패가 다가오고 있는지 당신은 거의 알지 못합니다. 그래서 하나님께서 친히 우리에 대해 이렇게 말씀하십니다. "죽은 자를 내 앞에서 내어다가 장사하라"(창 23:4).

그러나 주 예수님의 복음이 성령의 능력으로 인간 안에 들어오면 어떤 결과가 일어납니까? 그는 더 이상 죽은 자가 아닙니다. 이제 그는 생명을 보기 시작합니다. 처음에는 고통스런 삶일지도 모릅니다. 지난날에 대한 깊은 후회와 앞날에 대한 어두운 두려움으로 가득한 삶일 수도 있습니다. 굶주리고 목마른 삶일 수도 있습니다. 중요한 무언가가 결핍된 삶일 수도 있습니다. 그 중요한 것이 무엇인지는 잘 모르지만 그것 없이는 도저히 살 수 없는 자가 됩니다.

그러다 생명을 보게 됩니다. 구주의 말씀을 잘 지킬수록 그리스도 예수 안에서 더 즐거워하게 됩니다. 주님의 약속에 의지할수록 주님을 더 많이 사랑하게 됩니다. 주님을 섬기면 섬길수록 새 생명이 그로부터 죽음을 더 멀리 내쫓을 것입니다. 이제 넘쳐흐르는 생명이 그의 삶을 다스리게 되고, 옛 죽음은 구석진 곳으로 숨어버립니다. 자꾸만 돌아오려고 몸부림치는 옛 죽음으로 인해 애통해할 때도 있지만 믿는 자는 결코 전처럼 죄의 죽음을 응시하지는 않습니다. 더 이상 죄의 죽음을 응시하는 것을 견딜 수 없게 되었기 때문입니다. 그는 죄의 죽음을 묵상하는 데서 어떤 즐거움도 얻지 않습니다. 대신 죄의 죽음에서 구해달라고 하나님에게 부르짖습니다. 은혜는 우리를 죽음의 형벌뿐만 아니라 죽음의 통치에서도 자유롭게 해줍니다. 그런 모든 의미에서 그리스도의 말씀을 지키는 자는 결코 죽음을 보지 않게 될 것입니다.

"하지만 그리스도인도 죽지 않습니까?"라고 묻고 싶습니까? 제 대답은 반드시 그렇지는 않다는 것입니다. 주님이 다시 오실 때까지 살아 있을 자들도 있겠지요. 그런 이들은 결코 죽지 않을 것입니다. 따라서 모든 사람이 죽어야 한다는 법적인 필요성은 없습니다. 그러나 선한 사람도 언젠가 죽게 마련입니다. 그러나 우리의 사랑하는 형제들은 죄에 대한 형벌을 받아 죽은 것은 아닙니다. 그들은 죄 사함을 받았습니다. 하나님께서 죄를 사해주신 이들을 벌하시는 것은 그분의 은혜나 공의와 맞지 않습니다.

주 예수님을 믿지 않는다면 죽음은 당신에게 가해질 형벌이 될 것입니다. 그러나 예수님을 믿는 자에게는 죽음의 본질이 변합니다. 우리에게 죽음은 잠드는 것이지 결코 사형장으로 끌려가는 것이 아닙니다. 우리의 죽음은 이 세상을 떠나서 하나님 아버지에게로 가는 것입니다. 진노 속에서 멀리 내쫓기는 것이 아닙니다. 우리는 죽음의 문을 통과해 이 땅의 수많은 무리를 떠나 승리에 찬 하늘의 군대에 들어갑니다. 영원한 어둠으로 인도하는 땅굴이었던 것이 주님의 부활을 통해 열린 지하 통로가 되었습니다. 그 지하 통로가 영원한 영광 속으로 들어가는 길이 된 것입니다. 믿는 자들에게 가해지는 형벌로서의 죽음은 우리 주님께서 폐하셨습니다.

이제 죽음은 이 땅의 은혜로운 삶에서 하늘의 영광과 생명으로 올라가는 계단이 되었습니다.

"사람이 내 말을 지키면 영원히 죽음을 보지 아니하리라"는 말씀은 문자가 지니고 있는 것보다 더 많은 의미를 담고 있습니다. 주님의 말씀을 지키는 자는 더 이상 죽음의 영향 아래에서 살지 않습니다. 계속해서 죽음을 생각하지도 않을 것이고 죽음이 다가

오는 것을 두려워하지도 않을 것입니다. 어떤 그리스도인들은 죽음을 두려워한 나머지 아직도 속박 아래 살고 있습니다. 그 이유는 그들이 주님의 말씀을 지키지 않기 때문입니다.

주님이 우리에게 하신 말씀이 하도 대단해 우리는 이제 죽음을 두려워하는 대신 오히려 죽기를 사모하게 됩니다. 그때 우리는 와츠의 시가 무엇을 뜻하는지 깨닫습니다. 와츠는 우리가 하늘에 있는 성도들을 보기만 한다면 그들과 함께 있기를 갈망하게 될 것이라고 말합니다.

육체라는 옷을 우리가 얼마나 경멸해야 하는가!
이 족쇄와 이 짐을!
옷을 벗어버릴 저녁을 우리가 얼마나 갈망하게 될까!
하나님 안에서 안식할 수 있는 저녁을!
그때 우리는 이름이 불리기도 전에
기꺼이 우리의 진흙을 벗어버리리.
우리 영혼이 영원한 집으로 가기를 간절히 사모하며.

어떤 신실한 그리스도인은 제게 와서 "의인으로 죽고 싶습니다"라고 말하기도 합니다만, 저는 오히려 우리가 이렇게 말할 수 있게 되기를 바랍니다. "하나님을 영광스럽게 하고, 주님의 일을 하면서 슬퍼하는 형제들을 돕고 싶습니다." 이 세상을 떠나려고 서두르지 마십시오. 그러나 그런 조바심은 죽음이 우리에게 더 이상 두려움이 되지 않는다는 것을 입증합니다.

우리는 죽음의 실제와 본질, 즉 두 번째 사망에 있어 하나님의 진노를 결코 보지 않을 것입니다. 우리는 그분의 심판을 두려워할 이유가 없습니다. "의롭다 하신 이는 하나님이시[기]"(롬 8:33) 때문입니다. 인성의 실제적 죽음을 뜻하는 하나님과의 최종적인 단절은 결코 우리에게 올 수 없습니다. "누가 우리를 그리스도의 사랑에서 끊으리요"(롬 8:35). '사망'이라는 단어가 묘사하는 영혼의 폐망과 비참함은 결코 우리에게 임하지 않을 것입니다. 우리가 결코 멸망하지 않을 것이고, 그리스도의 손에서 우리를 빼앗을 자가 아무도 없기 때문입니다.

믿는 자는 죽을 때도 죽음을 바라보지 않습니다. 믿는 자는 사망의 음침한 골짜기를 걸어갈 때 어떤 해도 두려워하지 않습니다. 두려움을 주는 어떤 것도 바라보지 않습니다. 제가 걸어가는 길에 그림자가 드리워져 있었지만 저는 그 길에 그림자가 있었는지조차 알지 못했습니다. 어떻게 그럴 수 있었을까요? 제 눈을 오직 저 너머에 있는 강한 빛에만 고정시켰기 때문입니다. 그렇게 하지 않았다면 저는 그림자에 틀림없이 압도당했을 것입니다.

믿는 자는 주님의 임재 속에서 온전히 기뻐합니다. 그래서 자신이 죽어가고 있다는 것에 주목하지 않습니다. 다만 감미로운 기쁨을 맛보며 예수님의 품에 안겨서 안식합니다. 그곳에서 울부짖거나 통곡하는 소리는 들을 수 없습니다.

믿는 자가 이 세상에서 다음 세상으로 옮겨가는 것은 잉글랜드에서 스코틀랜드로 가는 것과 다를 바 없습니다. 두 곳 모두 한 나라 안에 있으며 하나의 태양이 비추고 있습니다. 경계가 어디에 있는지 거의 알아차릴 수도 없습니다. 믿는 자 안에 있는 영생은 은혜에서 영광으로 한 번의 멈춤 없이 미끄러져 들어갑니다. 우리는 잎사귀만 있던 상태에서 이삭으로, 이삭에서 완전히 자란 열매로 계속해서 꾸준히 자라갑니다. 각각의 단계들은 선을 그어 구별할 수는 없습니다. 우리는 영광 속에 이르는 때를 알게 될 것입니다. 그러나 통과 과정이 너무나 빨라 과정 그 자체는 보지 못할 것입니다. 땅에서 하늘로 가는 여행은 가장 위대하고 긴 여행처럼 보일지 모르지만 눈 한 번 깜박이면 끝나는 여행입니다.

믿음의 사람은 죽음을 보지 않을 것입니다. 흘끗 한 번 바라볼 틈조차 없이 죽음을 통과할 것입니다. 요단강을 마른 땅처럼 건너갈 것입니다. 자신이 강을 건넜다는 것조차 거의 알지 못할 것입니다.

다른 세상으로 들어가는 영혼을 따라가 봅시다. 그의 몸은 이 세상에 남아 있습니다. 그는 육체에서 분리된 영혼입니다. 그러나 그는 죽음을 보지 않습니다. 그에게 필요한 모든 생명이 예수님과 하나가 된 그의 영혼 안에 있기 때문입니다. 이제 그는 언젠가 부활의 나팔 소리가 울려 퍼질 때 온전케 된 자신의 영혼이 이 세상에서 함께했던 육체와 다시 연합하게 될 것을 기대합니다. 그러나 육체가 없는 동안에도 그는 주님과 함께 있기 때문에 죽음을 보지 않습니다.

그러나 심판의 날이 왔습니다. 크고 흰 보좌가 놓입니다. 허다한 무리가 심판자 앞에 섭니다. 그리스도의 말씀을 지키는 자는 어떤 모습입니까? 두려워하는 모습입니까? 결코 그렇지 않습니다. 그날은 날 중의 날이요 진노의 날입니다! 그러나 자신이 결코 죽음을 보지 않는다는 것을 알고 있기에 혼란스러워하지 않습니다. "저주를 받은 자들아, 나를 떠나라!"(마 25:41)는 선포는 그에게 해당하지 않습니다.

보십시오! 지옥이 무시무시한 입을 활짝 벌리고 있습니다. 오래전 사악한 자들을 위해 파놓은 구덩이가 입을 쫙 벌리고 그들을 받아들입니다. 믿지 않는 많은 무리를 아래로 아래로 끌고 내려갑니다. 영혼들의 큰 폭포수와도 같습니다. "악인들이 스올로 돌아감이여 하나님을 잊어버린 모든 이방 나라들이 그리하리로다"(시 9:17). 그 두려운 시간에 그의 발이 미끄러지지 않을까요? 결코 미끄러지지 않습니다. 그는 심판 속에서도 견고히 서 있으며 결코 죽음을 보지 않을 것입니다.

그러나 세상은 불길 속에 있습니다. 모든 것의 형체가 풀어지고 있습니다. 세상을 이루고 있는 것들이 뜨거운 불길 속에서 녹

아내리고 있습니다. 별들이 가을 낙엽처럼 떨어지고 있고 해가 검은 털로 짠 상복 같이 검습니다. 그런 상황에서 그리스도의 말씀을 지키는 자는 어떻게 반응합니까? 놀라움 속에서 두려워하고 있습니까? 아, 전혀 그렇지 않습니다! 그는 결코 죽음을 보지 않을 것입니다. 그의 눈은 생명에 고정되어 있습니다. 아니, 그 자신이 생명으로 충만해 있습니다. 그는 생명 속에 거합니다. 하나님을 찬양하면서 그 생명을 누리고 있습니다. 그는 결코 죽음을 보지 않을 것입니다.

예수님께서 이렇게 말씀하시기 때문입니다.

내가 살아 있고 너희도 살아 있겠음이라(요 14:19).

얼마나 영광스런 말씀입니까? 아, 믿지 않는 자들이여! 당신은 죽음을 보게 되어 있습니다. 죽음이 지금 당신 앞에 나타나 당신을 끊임없이 괴롭힙니다. 죽음의 시간에 당신을 기다리는 것이 무엇입니까? 오직 죄의 삯 외에는 당신을 위해 아무것도 남아 있지 않을 것입니다. 그 죄의 삯은 바로 죽음입니다.

영혼의 폐망과 비참함이 당신이 받을 끝없는 분깃이 될 것입니다. 당신은 최종적으로 멸망당하고 파멸된 비참한 자들과 함께 영원토록 갇히게 될 것입니다! 그러니 심판을 두렵게 바라볼 수밖에 없습니다. 놀라움과 두려움에 빠지지 않을 수 없습니다. 그러나 믿는 자들에 대해 분명한 사실은 죽음의 고통이 지나갔다는 것입니다. 우리에게는 형벌이나 두려움으로 죽음을 대할 이유가 전혀 없습니다. 그런 죽음은 우리와 아무런 관계가 없습니다.

순종 다이어리 17

_____년 ___월___일 · 내 영혼의 날씨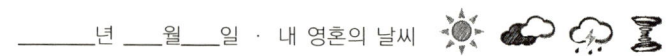

1. 예수님을 믿고 그분의 말씀을 지키는 사람에게 죽음의 본질은 무엇입니까?

2. 우리가 주님 앞에서 죽음을 면하기보다 변화됨을 간구해야 하는 이유는 무엇입니까?

오늘 나의 감사와 간구

18
다시 살리시는
위대한 분 바라보기

사람이 내 말을 지키면 영원히 죽음을 보지 아니하리라(요 8:51).

이 구절에서 우리는 다시 살리시는 위대한 한 분을 만날 수 있습니다. 예수님을 공격하는 유대인들을 보면 얼마나 광기가 어려 있는지 모릅니다. 그리스도의 말씀을 올바르게 인용조차 하지 못합니다. 그들은 말합니다. "네 말은 사람이 내 말을 지키면 영원히 죽음을 맛보지 아니하리라 하니"(요 8:52). 그러나 실제로 예수님은 그렇게 말씀하지 않으셨습니다. 예수님은 이렇게 말씀하셨습니다. "영원히 죽음을 보지 아니하리라." 물론 우리도 주님처럼 죽음을 맛볼 것입니다. 성경에도 주님이 "모든 사람을 위하여 죽음을 맛보려 하심이라"(히 2:9)고 나와 있습니다.

그러나 또 다른 의미에서 우리는 결코 죽음의 쑥과 담즙을 맛보지 않을 것입니다. 우리가 죽음의 쑥과 담즙을 '삼키고 이기리라'고 성경이 말하고 있기 때문입니다. 죽음의 담즙 방울이 승리의 그릇 속에서 사라져버린 것입니다. 그러나 주 예수님은 우리가 결코 죽음을 맛보지 않을 것이라고는 말씀하지 않으셨습니다. 또한 죽음이 지닌 일반적인 뜻에서 우리가 죽지 않을 것이라고 말씀하신 것도 아닙니다.

예수님은 유대인들에게 종교적인 의미에서 죽음이라는 단어를 사용하고 계십니다. 그것은 유대 예언자들이 죽음이라는 단어를 사용할 때 뜻했던 것입니다. 고대 성경에서 죽음이라는 단어를 어떤 뜻으로 사용했는지 이 유대인들은 잘 알고 있었습니다. 죽음이 항상 영혼과 몸의 분리를 의미한 것은 아니었습니다. 주님이 아담에게 다음과 같이 선포하셨기 때문입니다. "네가 먹는 날에는 반드시 죽으리라"(창 2:17). 그 말씀이 뜻하는 것으로 볼 때 아담과 하와는 분명히 죽은 자들이었습니다. 그러나 그들은 완전히 멸망하지는 않았습니다. 그들의 영혼도 몸과 완전히 분리되지 않았습니다. 그들은 여전히 이 땅 위에서 수고하고 일하는 자들로 살아갔습니다. "범죄하는 그 영혼은 죽으리라"(겔 18:4)는 말씀은 타락과 비참함, 무능력, 파멸로 이루어진 죽음을 말합니다.

그러나 죽음은 멸망을 의미할 뿐만 아니라 다른 것들도 의미합니다. 파멸은 영혼의 죽음입니다. 온전함과 기쁨이 영원토록 영혼의 생명이듯이 말입니다. 영혼이 하나님과 분리되는 것은 죽음의 형벌입니다. 그리고 그것이 바로 진정한 죽음입니다. 유대인들은 주님의 말씀을 이해하려고 하지 않았습니다. 그럼에도 불구하고 그들은 예수님께서 말씀하시는 것이 그분을 아브라함과 선지자들보다 더 영광스럽게 한다는 것을 명확히 알았습니다.

여기서 우리는 유대인들의 비난과 욕설 속에 숨어 있는 한 가지 가르침을 발견합니다. 믿는 자에게 영원한 생명을 주는 것이 자신의 위대함이나 선함이 아니라는 것입니다. 오직 믿음을 통해 아브라함과 선지자들보다 더 크신 주 예수 그리스도에게 연결되어 있는 자만이 영원한 생명을 얻습니다. 그는 그리스도의 말씀을 지킵니다. 그리고 그것이 그와 그리스도를 이어주는 끈이 됩니다. 그리스도와 하나가 되는 것입니다.

주님으로 인해 성도들은 살아갑니다. 그리고 주님을 통해 성도들이 살아 있다는 것이 주님에게 영광과 존귀가 됩니다. 그리스도의 생명은 그분의 백성들 한 사람, 한 사람 안에서 볼 수 있습니다. 거울처럼 그들은 주님의 신성한 생명을 반사합니다. 그리스도 안에는 생명이 있습니다. 그분은 그 생명을 택하신 자들에게 나눠 주십니다. 옛 창조가 하나님 아버지의 영광을 드러내는 것이었다면 새로운 창조는 성자 하나님의 영광을 드러냅니다. 믿는 자들은 가장 높은 생명을 그리스도 예수, 자신의 주님 안에서 발견합니다. 그리고 그 모든 것이 주님을 영광스럽게 합니다.

또한 우리가 주님의 말씀을 따라 산다는 것은 바로 주님의 영광을 위해 사는 것입니다. 주님이 우리를 섭리라는 기계를 통해 유지하고 지켜주시는 것이 아닙니다. 바로 그분의 말씀을 통해 우리를 지켜주십니다. 하나님의 말씀으로 세상이 창조되었듯이 우리는 그리스도의 말씀으로 인해 살아나고 계속해서 살아갈 수 있습니다. 우리 마음속에 받아들인 주님의 가르침은 곧 우리 영생의 근원과 양분이 됩니다. 주님의 말씀을 통해 셀 수 없이 많은 믿는 자 속에서 모든 영적 생명이 잉태되고 유지되는 것, 바로 그것이 그리스도를 영광스럽게 합니다.

주 예수님께서 아브라함과 다른 모든 선지자보다 더 크신 분이라는 것은 분명합니다. 그들의 말은 사람들을 살게 할 수 없었습니다. 자신도 살아나게 할 수 없었습니다. 그러나 예수님의 말씀은 그 말씀을 받아들이는 모든 사람을 살아나게 합니다. 그 말씀을 지킴으로써 그들이 살아나게 되는 것입니다. 그렇습니다. 영원히 살게 됩니다. 택하신 자들을 살리시는 주님의 이름에 영광을 돌릴지어다!

달콤한 영향력이 이 모든 것에서 흘러나옵니다. 저는 그것으로 결론을 맺을 것입니다. 그리스도의 영광은 그분의 말씀을 지키는 모든 자가 죽음을 보지 않는다는 데 있습니다. 당신과 제가 예수님의 말씀을 지켰는데도 죽음을 본다면 그분은 진실을 말씀하시는 분이 아닌 셈입니다. 당신이 예수님을 믿지만 죽음을 본다면 그분에게 그분의 약속을 지킬 능력이나 뜻이 없음을 입증하는 것입니다. 주님이 약속을 지키는 것에 한 번이라도 실패하신다면 그분의 존귀한 신실하심을 잃어버리는 것입니다. 오, 두려움에 떠는 그대여, 염려로 가득한 영혼이여, 이것을 붙잡으십시오!

주님의 존귀함은 그분의 양 가운데
가장 비천한 양을 구원하는 일에 있도다.

예수님을 위해 수천 명을 인도한 하나님의 성도가 결국 멸망당한다면 주님이 얼마나 크게 언약을 지키지 못하신 것입니까? 그런데 그것은 주님의 말씀을 지키는 모든 자 가운데 가장 작은 자가 멸망당하는 것과 똑같은 실패입니다. 우리의 영광스런 주님에게 그런 존귀함의 상실은 결코 상상할 수 없습니다. 그러므로 하나님 아버지의 전에서 가장 작은 자가 연약함과 불완전함 속에서도 계속해서 주님을 신뢰한다면 주님은 반드시 그가 죽음을 보지 않게 하셔야 합니다. 주님의 진리, 능력, 불변함, 사랑은 믿는 각 사람에게 주신 그분의 약속을 신실히 지키는 것과 연관되어 있습니다. 부디 이것을 마음속에 깊이 새기고 위로를 누리시기를 바랍니다.

아무리 추악한 범죄자, 극악한 죄인이라 할지라도 잘 들으십시오. 누구든 그리스도에게 나오고 싶다면 그분의 은혜로운 말씀을 붙잡으십시오. 그분의 말씀을 지키고 순종하십시오. 그러면 결코 죽음을 보지 않을 것입니다. 지옥에서 이렇게 말할 수 있는 영혼은 없습니다. "저는 그리스도의 말씀을 지켰습니다. 그런데도 죽음을 보았습니다. 제가 이곳에 있지 않습니까!" 결코 그런 사람은 없을 것입니다. 그렇다면 그리스도의 영광이 영원토록 더럽혀질 것이기 때문입니다.

그리스도의 말씀을 지키십시오. 그러면 죽음을 보지 않도록 그분이 당신을 지켜주실 것입니다!

순종 다이어리 18

_____년 ___월___일 · 내 영혼의 날씨

1. 그리스도의 생명은 그리스도인 한 사람 한 사람 안에서 찾아볼 수 있습니다. 당신의 삶은 거울처럼 주님의 성실한 빛을 반사하고 있습니까?

2. 당신의 영혼을 가장 깊이 뒤흔드는 일은 무엇입니까? 당신의 마음속에는 구원 받은 영혼들에 대한 기쁜 소식을 듣고자 하는 갈망이 있습니까?

오늘 나의 감사와 간구

좋은 씨앗은 하나님의 말씀입니다. 이 말씀이 좋은 마음밭에 떨어져 하나님의 나라가 땅끝까지 확장되고, 예수 그리스도를 본받아 그 향기를 품은 성령의 사람들이 세상에 넘쳐나길 기대합니다. 그래서 백 배, 육십 배, 삼십 배의 결실을 맺길 소망합니다(마 13:18). 천국은 좋은 씨를 제 밭에 뿌린 사람과 같기 때문입니다. 〈좋은씨앗〉은 이와 같은 소망과 기대를 품고 하나님께 출판 사역으로 쓰임 받기를 기도합니다.

말씀 그리고 오늘의 삶

하나님의 친구가 되기 전엔 미처 몰랐던 것

초판 1쇄 인쇄 | 2013년 9월 10일
초판 1쇄 발행 | 2013년 9월 25일

지은이 | 찰스 스펄전
옮긴이 | 송용자
펴낸이 | 신은철
펴낸곳 | 좋은씨앗
출판등록 | 제4-385호(1999. 12. 21)
주소 | (137-886) 서울시 서초구 양재동 2-30번지 덕성빌딩 4층
편집부 | 전화 (02)2057-3043
영업부 | 전화 (02)2057-3041 팩스 (02)2057-3042
www.gsbooks.org

ISBN 978-89-5874-211-1 03230